年度漢字中的香港

沈言 採寫

香港年度漢字中的

沈言 採寫

商務印書館

目　錄

2020 年

2021 年

2022 年

2023 年

序　言

尋找年度漢字中的香港

在歷史的長河中，文字不僅是記錄與傳承文明的載體，更是時代精神的鏡像，映照出社會的變遷與人心的波瀾。

自 2013 年民建聯創意性地發起「香港年度漢字」評選活動以來，至今歷經十一載春秋，已舉辦十屆評選。在香港這片充滿活力與多元文化的土地上，每一個年度漢字的揭曉，都如同一枚獨特的印記，深刻鐫刻着那一年的社會風貌和香港民眾情緒的真實寫照。香港年度漢字評選，承載市民生活點滴，見證香港發展軌跡。我們相信，每一個漢字背後，都藏着無數個人的喜怒哀樂。

這是一本關於香港、關於時間、關於記憶的書。通過一個個回憶和鮮活的故事，連接起香港社會的過去與現在，讓讀者能夠穿越時空的界限，感受到那份屬於香港的獨特溫度與力量。

我們期待通過這本書，能夠激發更多人對香港的認同與歸屬感，並且驚嘆漢字所蘊含着先賢的智慧與情感的積澱。

最後，感謝所有參與訪問的嘉賓，是您們的真情流露，讓這本書充滿了生命力與感染力。也要感謝商務印書館的支持，肩負這一文化使命編撰本書。這不僅是一次對過往的溫故知新，更是對文字力量的一次深情回望與致敬。

譚耀宗

全國港澳研究會副主任

香港再出發大聯盟秘書長

民建聯會務顧問

2013
和

2014
融

2015
法

2016
亂

2017
貴

2018
順

2019

2020
安

2021
疫

2022
通

2023
興

香港·2013

和 1. hé　户戈切，平，戈韻，匣。歌部。
厂ㄜˊ

㊀ 聲音相應。説文：「和，相應也。」引申指樂音相應而諧和。國語周下：「樂從和。」注：「八音克諧也。」泛指和順，諧和。易乾：「保合大和。」禮中庸：「發而皆中節謂之和。」㊁ 指和睦。論語季氏：「蓋均無貧，和無寡，安無傾。」引申指和平。孫子行軍：「無約而請和者，謀也。」㊂ 溫和。見「和風」。㊃ 調和。國語鄭：「和六律以聰耳。」左傳昭二十年：「宰夫和之，齊之以味，濟其不及，以洩其過。」……

2. hè　胡臥切，去，過韻，匣。歌部。
厂ㄜˋ

應和。易中孚：「鳴鶴在陰，其子和之。」管子白心：「人不倡不和。」

（《辭源》）

為了營造中國農曆新年的節慶氣氛，反映社會民心的期盼，民建聯首次舉辦香港年度漢字評選，「和」字當選 2013 年度漢字。

主辦方指，「和」的本義為調和，取「和」字於《論語》中「和而不同」之意。認為社會中存在不同的聲音，只有集思廣益，調和異議，才是最徹底的妙藥良方。

民建聯創會主席、時任立法會主席曾鈺成表示，中國文化以和為貴，祝願祖國和平崛起，不同背景、不同信仰、不同理念的香港人能夠和諧相處，對周圍的人和藹可親，維持和睦關係。

評審委員、盧鳴東教授則表示，中華文化博大精深，漢字是其中的代表。2013 年人與人之間的衝突頻生，若推崇「禮」則可免不和氣；而政府應調「和」不同意見，尋求解決問題的共識。

2013 候選年度漢字

本義為調和，
論語曰：「和而不同」。

社會中存在不同的聲音，集思廣益，調和異議，才是最徹底的妙藥良方。

生也。

香港必須注重培育、保育、教育，以及鼓勵生育，才能生生不息，健康發展。

意為真實無妄、
忠實不欺。

待人以誠，言行合一，重誠信，尚真誠，應為社會重視的價值。

本義是安坐、安居，
引申為安樂。

世事幻變不定，居求安，冀望社會安定、安全，萬千市民望安居，生活平安。

意指不偏斜，
做事合乎道理和法則。

香港要走上正路，行事要正派，為人要有正氣，才會踏上康莊大道。強調正，也有反對假、劣的意思。

2013 候選年度漢字

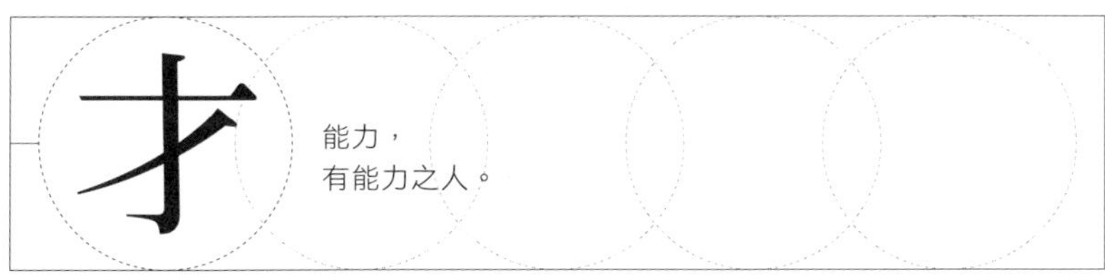

人才是香港的重要資產，需要有才能的人治理香港，也要讓市民可以發揮自身才幹。

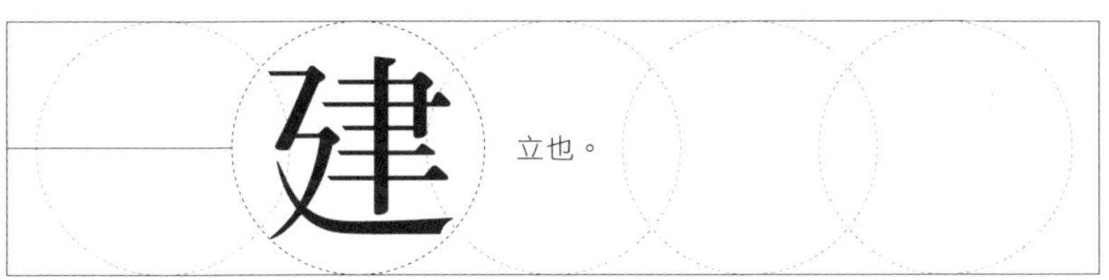

香港的政治、經濟、社會和文化都需要更多的建設，才能創造美好的明天。

機遇瞬息萬變，政府必須踏實做事，香港需要注重發展實體經濟，社會需要推崇務實求進、腳踏實地的價值。

禮貌，
《禮記》曰：「毋不敬」。

禮

社會需要推崇言行重禮，明白尊敬禮讓的精神。

就也。

成

各界同心合力，眾志成城，香港自會有所成。

「和」久必分？

2013，香港這一年

2013 年的香港，在經濟數據依然向好，並未發生重大政治變故的情況下，社會對立乃至分化卻日漸加劇。過往僅限於議事堂的針鋒相對，演變成鬧市的民眾衝突，與香港一直以來多元包容的和平傳統背道而馳。在立法會的拉布與剪布之間，在政改諮詢的支持與反對之間，在旺角街頭的辱警與撐警之間，管治危機有趨向臨界點之勢，特區政府面臨極大挑戰。

這一年，立法與行政之間的政治角力升級，財政預算案在立法會審議階段首次遭遇拉布狙擊。針對《2013 年撥款條例草案》，社民連、人民力量與新民主同盟發動拉布大戰，利用議事規則漏洞，共提出近八百項修訂，意圖拖延審議撥款草案，令財政預算案表決了無期限。因涉及近千億公共開支，拉布或令政府運作癱瘓，不僅影響公共服務，更會破壞綜援「雙糧」及長者生活津貼等惠民措施，最終損害全港市民福祉。時任立法會主席曾鈺成行使基本法賦予的權力，及時將修正案合併為近一百五十項辯論，歷時近三週，終於成功剪布，三讀通過撥款草案。對此，時任財政司司長曾俊華回憶說：當年最難忘的，便是上任財政司司長六年以來，第一次在財政預算案審議階段遇上拉布，幸有曾鈺成主席成功剪布，最後仍然能夠安全度過。

這一年，時任香港大學法律系副教授戴耀廷語出驚人，年初便拋出「佔領中環」概念。他在《信報》專欄鼓動必要時採取「公民抗命的最大殺傷力武器」，以此爭取落實「真普選」。按其部署，整個行動分為醞釀期、裝備期、對話期、行動期等多個階段，「佔領中環」只是最後階段的「簡稱」，重中之重在於「以非暴力的公民抗命方式，由示威者違法地長期佔領中環要道，以癱瘓香港的政經中心，迫使北京改變立場……行動結束後，參與者應自行向執法部門自首，交執法部門決定是否作出起訴。」戴耀廷連同香港中文大學社會學系副教授陳健民、牧師朱耀明，共同發起「佔領中環」，早在運動發生之前，便掀起全城輿論風暴。

這一年，香港特區政府以「有商有量，實現普選」為口號，在年底正式啟動為期五個月的政改諮詢。圍繞 2017 年行政長官及 2016 年立法會的產生辦法，重點就提名委員會、選民基礎等「雙普選」方案，徵詢公眾意見。行政長官成立政改諮詢專責小組，委派政務司司長、律政司司長和政制及內地事務局局長推動有關工作，力求在相關法律基礎上，努力尋求最符合香港實際情況而又合法、合情、合理的方案，凝聚共識邁向普選。時任政務司司長林鄭月娥表示：我們不願意見到在政改問題上，出現各走極端、劍拔弩張的局面，深信「對話總比對罵好，辦法總比困難多」。

這一年，政壇醜聞曝光之多，為十數年來罕見，令以「廉潔」着稱於世的香港形象蒙污。從時任港區全國政協委員劉夢熊在接受廉政公署調查期間，向媒體爆料特首競選操縱民意，被揭發有疑似報復動機；到審計署報告揭發前任廉政公署專員湯顯明在任期間，廉署以「分拆賬單」及改作「宣傳費用」入賬手法，繞過規管指引申領兩宗「超標」酬酢開支；再到前任發展局局長麥齊光上任僅十二天，即被曝出涉嫌二十多年前騙取公務員租金津貼，火速辭職……引發輿論嘩然，一再衝擊港人將「廉潔」作為核心價值的心理底線。

這一年，在熙來攘往的購物勝地旺角街頭，上演了粗話咒罵、肢體衝突的激進戲碼。事緣一名小學女教師林慧思，不滿有團體圍堵法輪功，與前來處理糾紛的警察發生言語衝突，並因爆粗辱警獲媒體大肆報道。事件在網絡持續發酵，由線上的唇槍舌戰演變為線下的對壘衝突，最終引發反對和支持林慧思的兩派在旺角行人專區集會，在叫囂與謾罵聲中，對峙長達六小時。雙方甚至越過山東街短兵相接，群毆危局一觸即發。所幸關鍵時刻，香港警察組成人牆阻隔兩派，避免了形勢進一步惡化。但由此生發的「以激鬥激」的激進化現象，卻不啻香港政治的分水嶺。

這一年，香港首次公佈以「相對貧窮」概念制定的官方

「貧窮線」，貧窮率為總人口的近兩成，涉及逾一百三十萬人口。面對貧富懸殊矛盾，特區政府重拳向貧窮宣戰，召開首屆扶貧委員會高峰會，成立社會創新及創業發展基金，推出集民、商、官力量協助基層家庭青年人的「明日之星」計劃，致力紓緩貧窮問題。關愛基金獲立法會撥款注資一百五十億元，以推出更多扶助弱勢社群的項目，並加強基金補漏拾遺的功能。港府不僅從扶貧、安老、助弱等方面開展工作，而且特別關注佔貧窮人口逾半數的非綜援在職貧窮戶，關愛弱勢，改善民生。

這一年，由於碼頭工人不滿薪酬福利待遇多年來不加反減，香港爆發了二戰之後歷時最久的工人運動。數百名香港國際貨櫃碼頭外判工人，在葵青貨櫃碼頭長期紮營，要求加薪兩成及改善福利，並宣佈將持續罷工直至訴求達成。除了不同組織迅速成立「各界支援碼頭罷工後援會」，因着職工盟與學聯等團體的介入，學運與工運漸形成合力。在輿論上，還衍生出反抗「地產霸權」的社運新趨勢。勞工處多次嘗試調停，希望通過勞資雙方對話與溝通，打破僵局，從香港整體公眾利益出發，解決糾紛，促成和解。長達四十天的罷工，以資方同意加薪 9.8% 換取碼頭工人讓步結束，在本港工運史上寫下重要一筆。

這一年，香港特區政府增發免費電視牌照，改變長年以來只有無綫電視和亞洲電視兩間免費電視台的現狀。行政會議稱，在循序漸進為免費電視市場引入競爭的前提下，決定原則上批准奇妙電視和香港電視娛樂的免費電視牌照申請，並拒絕香港電視網絡的申請。出人意料的「三選二」發牌結果，造成社會迴響。落選的香港電視網絡主席王維基，抨擊評選過程黑箱作業，引發民眾上街遊行，包圍政府總部。發牌風波持續發酵，時任演藝人協會會長曾志偉因事件辭去會長一職。無綫藝人陳百祥挺身護主，向激進網民還擊，稱若收視只得兩三點即「跪到返屋企」，一時火花四濺。為保商譽，無綫亦對壹傳媒針對式的醜化報道進行反擊，拒絕壹傳媒記者進入電視城及專訪旗下藝人。

這一年，在「電視風雲」之外，亦上演「電訊風雲」。通訊事務管理局宣佈，因應 2016 年 3G 頻譜續期，決定以混合方案重新拍賣 3G 頻譜。其中，三分二頻譜將由四大電訊商優先重購，餘下三分一將作公開拍賣出售，以開放市場引入新競爭者，通過市場良性競爭提升服務，並刺激電訊商善用手上 4G 頻譜。對此，僅中移動香港表示歡迎，四大電訊商——數碼通、和記電訊、香港電訊和香港移動通訊則表示反對。

這一年，香港終審法院以四比一裁定變性人同樣享有結婚權利，一舉改變婚姻是一男一女結合的傳統定義。終院指出，在融合多種文化的香港，婚姻作為一種社會制度的性質已出現意義深遠的變化。既然治療性別認同障礙的醫學技術有重大進步，加上變性人已獲社會接納其變性後的性別，將性別局限於生理上的男性或女性，會抵觸憲法保護的結婚權。惟下令將裁決暫緩一年執行，以便當局修改《婚姻條例》及《婚姻訴訟條例》。一位經變性手術由男性變為女性的人士，在經歷原審和上訴失敗後，終於在終審獲得終極勝訴，成為香港首宗變性人結婚案的大贏家。

這一年，剛好是「自由行」實施十週年，在惠及香港經濟，創造就業機會的同時，亦帶來了一些社會問題。水貨客的搶購，使香港北區一帶開始出現「奶粉荒」，進而造成港人日用品供應短缺、公共服務及交通系統等負荷過重，引發民怨。從奶粉、學位、就業再到福利資源，圍繞資源爭奪，香港與內地的矛盾不斷激化。少數極端人士以反水貨客為名，上演以「港獨」為實的騷亂鬧劇。同年，香港特區政府介入，出台「限奶令」，將攜帶超額奶粉等同走私行為處理，違例者一經定罪，最高可被罰款五十萬港元及監禁兩年，有效叫停水貨客，卻也埋下零售業銷售萎縮的隱患。為進一步壓抑樓價，特區政府為樓市辣招「加辣」，實施樓市「雙辣招」，保障有實際需要港人優先置業。

希冀：家和萬事興

2013年，「自由行」實施十週年。十年間，「自由行」從無到有，內地居民以個人方式前往香港旅遊蔚然成風。據商務及經濟發展局當年發表的《香港承受及接待旅客能力評估報告》，至2012年，內地訪港旅客人次高達近三千五百萬，為十年前的五倍，而當中近七成經「自由行」計劃訪港。

「自由行」的「雙刃劍」

「自由行」為香港帶來前所未有的經濟效益，不僅創造零售業銷售額十年翻一番的業績神話，而且助推旅遊業收入飆升迫近三千五百億元大關，成功解救因亞洲金融風暴和沙士疫情衝擊而一蹶不振的疲弱經濟。

然而，「自由行」也並非盡如人意，它顯然並不具備足以令所有人皆大歡喜的神奇魔力。正所謂「針無兩頭利」，「自由行」好似一把「雙刃劍」，在惠及本港經濟、創造就業機會的同時，亦衍生出一系列社會問題，甚至激化了香港與內地的矛盾。伴隨「自由行」而日趨嚴峻的水貨客問題，導致民怨漸生，成為標誌性的兩地議題，如同導火索，最終引爆陸港矛盾。

其實，香港作為自由港，相對行貨而言的水貨文化由來已久。然而，千禧年代的水貨模式卻與過往迥異，帶貨目標多以食品和日常用品為主，尤以嬰兒配方奶粉最備受追捧。面對內地龐大的市場需求，加之人民幣升值效應，水貨客在利益驅動下，競相搶購香港市面物美價廉好貨，從奶粉到藥品、化妝品等不一而足，再經港深口岸「人肉」帶貨，通過轉售賺取差價牟利。經營「自由行」生意的藥房、金舖、化妝品連鎖店等，在各區遍地開花。

北區由於毗鄰口岸，自然首當其衝成為水貨重災區。水貨客不但阻礙人行通道，擠壓公共空間，造成交通系統及社會服務等負荷過重，更導致商品供應短缺，牽動區內物價，加重居民生活負擔，拖低生活質素，對北區居民構成長期困擾。大批拖喼水貨客阻塞馬路入貨，火車站經常擠得水洩不通，昔日街坊小店不敵貴租而執笠，成為上水無日無之的日常，社區生活遭受嚴重侵蝕。當區居民對水貨客的不滿，經日積月累而不斷發酵，甚至有居民因此計劃搬離。

在水貨經濟的衝擊下，民怨沸騰，一觸即發。2012 年下半場，北區水貨客關注組成立，首次發起「光復上水行動」，為日後的「光復行動」開啟先例。數百名網民在上水站出口集會示威，隨後往水貨客用作卸貨及分拆商品的單車徑追擊，其間，指罵水貨客是「蝗蟲」之聲不絕於耳。儘管發言人聲稱關注組只針對帶水貨行為，旨在還北區居民安寧的生活空間，但在高度政治化的香港社會環境下，有關行動難免流於政治化，甚至與陸港矛盾混為一談。

誰動了我的奶粉？

在水貨客的大肆搶購之下，北區一帶首現「奶粉荒」。由水貨客及其僱用長者組成的排隊黨，每日在各零售點輪候，總能在店舖開張之際，便將嬰兒奶粉搶購一空，以致本地家長未能購買奶粉自用，嗷嗷待哺的嬰幼兒不時要面臨斷奶風險。事件經傳媒廣泛報道，引發社會嘩然。其後，水貨客逐漸蔓延至屯門及荃灣地區，亦對當區居民造成了不少滋擾，不滿的情緒在社區不斷擴散。

久而久之，不滿情緒達至臨界點。少數極端人士利用輿論，將「自由行」旅客醜化為「螞蟻搬家」的「水貨賊」，以反水貨客為名，攪動「港獨」暗湧，蓄意製造騷亂，擴大媒體曝光。某「港獨」組織年初即發起「還我奶粉」運動，在港鐵旺角東站收集市民簽名。每當發現疑似水貨客即上前包圍，量度貨物體積並高叫口號，部分示威者更與水貨客發生衝突。此後，某些所謂「港獨」勇武派成員妄圖「佔領」元朗，激進分子揮舞「鳳凰龍獅旗」，沿途高叫「港獨」口號，宣揚「建國」理念，「公然要求香港脫離宗主國獨立」。他們還衝入商舖，以粗口謾罵內地旅客，叫囂「中國人滾回去」，以粗暴的趕客行徑表達「香港不歡迎你」，顛覆「好客之都」形象。

伴隨着水貨客爭議不斷升溫，在兩地社會引發軒然大波，雙方各有立場，各持己見，令風波有愈演愈烈之勢。3月，香港特區政府介入，實施「限奶令」，規定十六歲以上離境人士每人每天不得攜帶總淨重超過 1.8 公斤的嬰兒配方奶粉（相當於 2 罐普通裝 900 克奶粉），否則等同走私行為處理。違例者一經定罪，最高可被罰款五十萬港元及監禁兩年。

「限奶令」出台，「水貨客」叫停。在有效的行政干預下，香港市面奶粉供應趨於穩定，但「限奶令」卻好似緊閉「購物天堂」大門的咒語，引發內地幾乎一面倒不再「花錢買罪受」的負評，無異於「限來令」，為本地零售業與旅遊業漸入蕭條埋下伏筆。有報章質疑「限奶令」頭痛醫腳，面對奶粉嚴重脫銷危機，特區政府理應運用市場規律這隻「看不見的手」來調節和引導，不應以「看得見的手」干涉自由開放的商業文化。作為行政干預的副作用，內地旅客來港的增速開始放緩，零售業尤其是奢侈品消費疲軟已成大勢所趨。

當水貨客真相不再撲朔迷離

就在一切貌似重回正軌之際，一項數據的出爐，如深水炸彈，再次引爆話題。據特區政府資料顯示，每天往返於深港兩地的水貨客約有兩萬人，其中六千人為活躍者。在全部水貨客中，不少港人參與其中，香港永久居民佔比超過一半，高達六成。有關數據以不容否認的事實證明：過往將水貨活動完全歸咎於內地人士，實在大錯特錯。時任入境事務處處長陳國基專門就此發聲，希望港人毋將內地旅客與水貨客畫等號。

對於如此反轉的「劇情」，彭長緯直言：雖然水貨客皆以謀利為目的，但並非十惡不赦的敵人，不應一概而論。他表示，伴隨着祖國的發展與進步，內地同胞的購買力日漸增強，對於優質商品的需求也日益增加。作為「購物天堂」的香港，自然成為內地旅客購買境外優質商品的優選之地。此外，人民幣兌港幣匯率不斷攀升，令香港貨品相比之下更為便宜，也成為吸引一般旅客赴港消費，甚至利用「一簽多行」走私水貨的誘因。至於港人水貨客的成因，有媒體經調查發現，其中不乏為生活所迫者，可以說是香港基層民生多艱的一個縮影。

彭長緯舉例說，從民建聯的早餐會，便可管窺香港市民所受的通脹之苦。一份同樣的早餐，在 2003 年只需十幾元，到了 2013 年卻要動輒二三十元。而大學畢業生的平均薪資，在十年間大概只有一成左右的升幅，打工收入根本追不上日常物價近乎成倍的升幅，更加不用說去追趕樓價幾級跳的誇張升幅了。收支不平衡的裂縫越來越大，普通市民的生活質素自然有所下降。面對越來越大的生活壓力，有人迫不得已走上水貨客之路搵食，更多人則是對水貨經濟直接或間接造成的生活滋擾怨聲載道，甚或苦不堪言。

破解「港人港奶」的迷思

實際上，香港作為自由港，長期奉行自由市場原則，食品中除了食米作為唯一一種儲備商品外，幾乎沒有出口限制。奶粉並非緊缺商品，更非戰略儲備物資，完全可以按照供需關係調節進口安排，保證正常市場供應，還可以遵循國際貿易中的比較利益原則，尋求奶粉轉口貿易的商機。所謂「港人港奶」，不過是毫無理據的空穴來風。

彭長緯直指嬰兒奶粉限量銷售，純屬商人營商手法，類似飢餓營銷，旨在炒高售價，或製造供不應求的假象以圖利。他認為商人追求利潤最大化的原始動機和行為選擇，才是奶粉缺貨甚至斷貨的元兇。類似案例可謂不勝枚舉。他說，同一款洋酒，友人從某免稅店購買的價格，竟然貴過一般市面價格。究其原因，無非是某免稅店打着免稅的旗號作為招徠，暗中抬高售價來實現高額利潤。一切，都是追求利潤最大化惹的禍。

一邊是市場「看不見的手」，另一邊則是政府「看得見的手」。彭長緯相信，如果政府能夠在尊重市場規律的前提下，結合必要的行政手段，切實保障好市民的工作與生活，那麼市民也一定會認同和支持政府。「大市場、小政府」的運作模式，如何持續行之有效，是一門大學問。

毋庸置疑，「自由行」帶旺了經濟，但可惜只有少數人從中得益。最大的受益者無疑是旺舖東主、大地主和大商家，而升斗小民卻要承受「自由行」超負荷運轉所衍生的一系列社會問題。在普羅大眾未受其利、先受其害的社會情境下，對於「自由行」的評價，難免出現兩極化傾向。

彼時彼刻，香港社會開始流行一種邏輯：內地旅客大多是水貨客，來自內地的強大購買力是造成香港樓價高、物價貴、商品缺的「罪魁禍首」。因此，部分別有用心者藉反水貨客之名，行反內地旅客「自由行」之實，「掛羊頭賣狗肉」，其真實目的在於為所謂「港獨」製造輿論，決非為解決問題。

長治久安，唯和不破

回望 2013 年的香港，不難發現，作為移民社會一直以引為傲的價值觀——多元與包容，正在發生蛻變。彭長緯表示，香港是移民城市，居民來自五湖四海，在開放的社會氛圍中，長期以來都是和睦相處。遺憾的是，在實施「自由行」的第十個年頭，社會和諧卻出現了明顯變奏。部分香港人視內地人為奶粉、學位、就業乃至福利資源的爭奪者，激進分子更肆意侮辱和驅逐內地旅客，煽動「港獨」情緒，破壞陸港關係，實在令人痛心疾首。

彭長緯視「和」為中國文化的核心要素。他說，古埃及、古印度、古巴比倫和中國，是四大文明古國。在歷史的大浪淘沙之下，為甚麼最終只有中華文明得以無間斷延續至今？除了政權體制、經濟模式、地理環境、人口構成等因素外，文化傳統發揮了舉足輕重的影響。以「和而不同」為底蘊的中華文化，具有超強的包容性和凝聚力，從百家爭鳴到外儒內法，及至儒釋道三位一體，在求同存異的過程中，中華文明的內涵和外延不斷地進化，這正是中國作為獨一無二無斷層文明古國的關鍵所在。

從概念上看，「和」不同於「同」。不同的樂音協奏所發出的聲音，是為「和聲」，可見「不同」是「和」的要素之一。早在先秦時期，已經出現和同之辯，經過孔子等先賢大哲的闡釋，最終形成了和而不同的價值觀。孔子主張「君子和而不同，小人同而不和」，這不僅是一種海納百川的方法論，更是一種有容乃大的世界觀。承認「不同」，是達至「和」的起點。實現和而不同，需要有開放的心態、包容的胸懷、多元的視野和思辨的手段。中國在港澳地區實行「一國兩制」，便是和而不同思想成功解決現代社會問題的經典範例。着眼于國家的統一，在尊重不同社會制度的基礎上，允許香港和澳門特別行政區繼續實行資本主義制度，馬照跑，舞照跳，既是大智慧，也是大氣魄。

反觀 2013 年的香港，正是在「和」上出現了問題。「和」字當選為 2013 香港年度漢字，反映了當時社會失和的現象，同時也表達了香港市民對於和諧、和平的一種期盼。彭長緯說，香港曾經歷了近一個半世紀的英國管治，尤其是國民教育長期缺位，在生活習慣和文化觀念等方面，難免與內地有所不同。「自由行」將生活習慣和文化觀念等兩地差異近距離放大，香港人對內地人在公共場所的某些不當言行有所不滿，因而產生摩擦甚至衝突。其實，大家都是中國人，都有共同的祖先和共同的歷史文化，又有甚麼矛盾是不可以化解的呢？在歷次賑災中，無論是華東水災，還是汶川地震，香港人都是熱心捐贈走在最前，彰顯血濃於水的同胞情誼。這與生俱來的相連血脈便是人世間融解堅冰的天然良方。香港與內地同氣連枝，以和為貴本是題中應有之意。兩地同聲相應、同氣相求，才是最大的共同福祉。香港必須告別大香港主義，無論是香港人還是內地人，都應該學會欣賞，懂得感恩，彼此接納、彼此包容、彼此融合。

再看香港內部關係，在「佔領中環」的喧囂中，從議事堂到鬧市街頭，反動派與建制派的衝突也日趨激烈。彭長緯認為，面對政治理念的爭拗、社會問題的爭議，最好的解決辦法不是一拍兩散，而是從整體利益出發，尋求和而不同的最優方案。「和」對於社會發展至關重要：從營商的角度，需要和氣生財；從齊家的角度，則是家和萬事興。如果真誠為香港好，即使背景不同、信仰不同、理念不同，也應該通過溝通和對話，盡最大努力求同存異，實現長治久安。

香港仔的赤子情

彭長緯是土生土長的香港仔，雖然成長於英國管治時代，卻自幼便對祖國有着無法言說的赤子情。作為客家人的後代，父母讓他學習客家話，愛聽國語歌的他卻反問為甚麼不先學習國語。在他心目中，作為中國人，又怎能不首先學好國語呢？

中學時期，彭長緯想方設法瞞着父母，以學校露營為藉口，和同學去了廣州沙面島旅行。十九世紀中葉，在西方堅船利炮的衝擊下，曾經萬邦來朝的「天朝上國」，慘變歐美列強割據的半殖民地。覆巢之下焉有完卵？就連珠江上的小島沙面，也淪為英法租界。在中國的土地上，「華人與狗不得入內」的民族恥辱，正是肇始於此。當年輕的他第一次踏足昔日嚴禁華人進入的租界，親眼目睹同胞們正在國土上有尊嚴地生活着的現實場景，那充滿煙火氣的日常，令他無比深切地感受到國與家無法切割的天然聯繫。

步入社會後，從印刷學徒到印廠東主，彭長緯憑着一股子拼勁，書寫自己的獅子山下故事。在香港主權回歸的過渡期，他逐漸走上了從政之路。1992 年，民建聯成立，他為香港終於有了愛國政團而興奮不已。兩年後，他終於經人引薦入會，成為一名民建聯人。

要知道，在港英時期，民建聯是十足十的反對黨，在區議會和立法局選舉中，民建聯的政黨標籤幾乎總是與「票房毒藥」聯繫在一起。作為已經兩度勝選的兩屆沙田區獨立區議員，彭長緯加入民建聯，在許多人眼中，決非明智之舉。對於他幾近「政治自殺」的選擇，有人疑惑不解，有人冷嘲熱諷，也有人搖頭歎息。因為以民建聯身份參選，他遭遇了前所未有的巨大挑戰：有街坊不理解他的選擇，不僅冷言冷語，還當面將他的競選傳單丟在地上踐踏；有競爭對手趁虛而入，利用其政黨背景大做文章，極盡抹黑攻訐之能事；有人笑他傻，有人罵他蠢，他卻笑罵由人，從未後悔自己的選擇。有一次，在區議會和區域市政局雙料議員的競選中，他甚至做出承諾，一旦當選便結束自己的印務生意，從而專注做好議員工作，全心全意服務市民。勝選的他果然一諾千金，毅然從商場抽身，一門心思撲在參政議政上，兢兢業業，一直做到沙田區議會副主席，還曾擔任第十二、十三屆全國政協委員。

2020 年，彭長緯因致力推廣國民教育，帶領宗僑團體開展各項社會服務計劃，全力支援貧困人士，在推動社區事務上長期擔當領袖角色，獲特區政府頒授金紫荊星章。對於如此殊榮，他坦言並非自己功勞，並且感恩在有限的一生，有機會為國家、為香港貢獻綿薄之力。縱使歲月流逝，赤子深情卻歷久而彌堅。

2013 特區政府施政十件大事

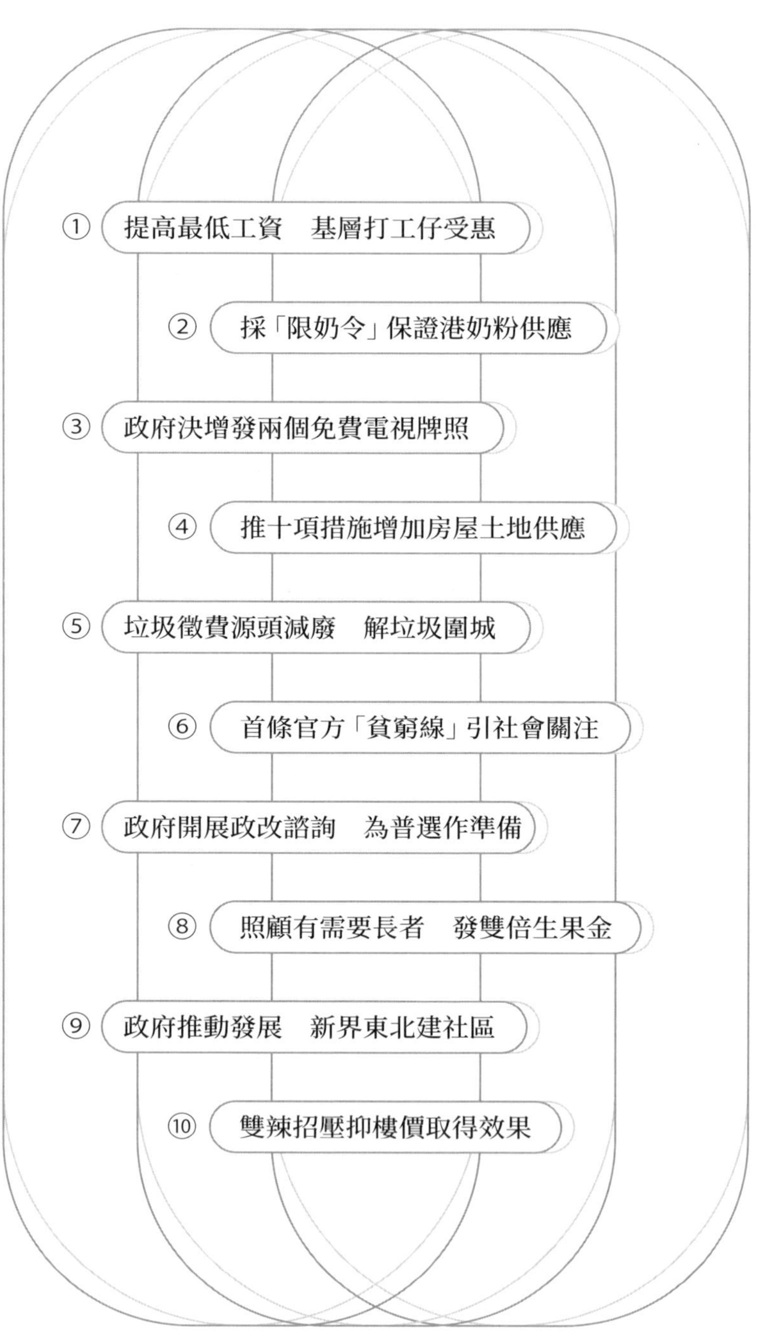

2013 香港商界最關注的十件大事

① 徵 3D 印花稅　冷卻炒樓不減辣

② 佔中損香港經濟　八商會聯署反對

③ 三中全會召開　中國改革開放新里程

④ 習李新領導班子　中國夢激勵國人

⑤ 新界東北發展計劃　推最新修訂方案

⑥ 商品說明新修例　監管不良手法

⑦ 長遠房屋政策　訂十年建屋目標

⑧ 貨櫃碼頭外判工　爆發嚴重工潮

⑨ 規管一手樓銷售　地產商慎推盤

⑩ 上海自貿區啟動　經濟新試驗田

香港·2014

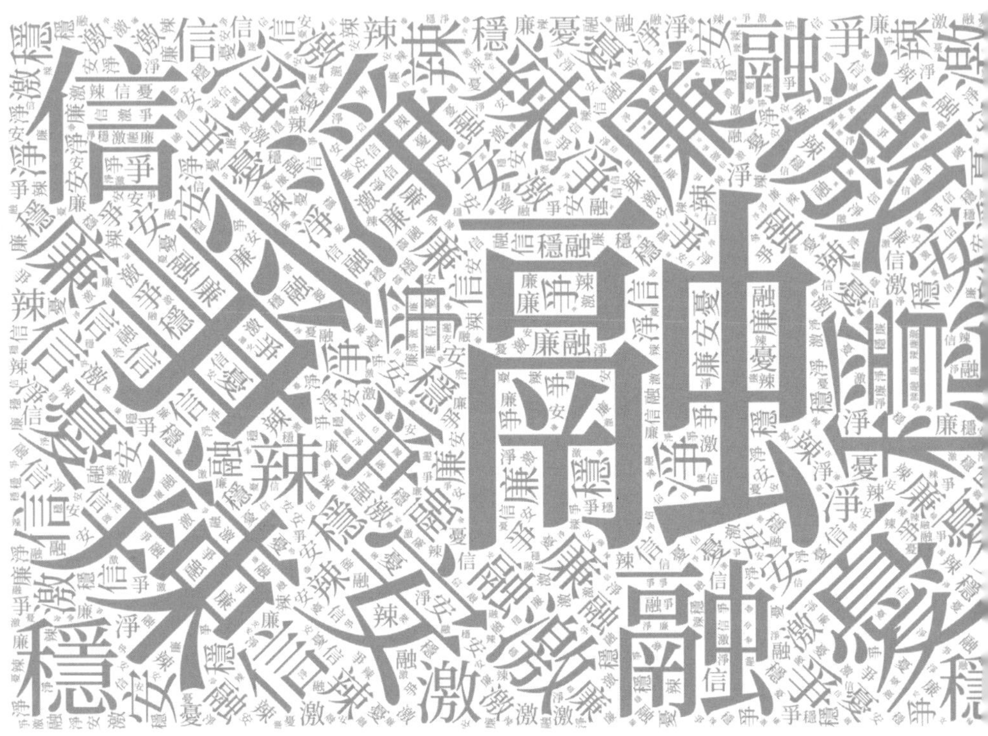

融 rónɡ ㄖㄨㄥˊ 以戎切，平，東韻，喻四。冬部。

㊀ 炊氣上出。説文：「融，炊气上出也。」南唐徐鍇説文繫傳：「气上融散也。」㊁ 明亮。國語鄭：「以淳燿惇大，天明地德，光昭四海，故命之曰『祝融』，其功大矣。」注：「祝，始也。融，明也。」㊂ 溶化。文選晉孫興公（綽）遊天台山賦：「融而為川瀆，結而為山阜。」唐杜甫杜工部草堂詩箋十二晚出左掖：「樓雪融城濕，宮雲去殿低。」㊃ 流通。文選三國魏何平叔（晏）景福殿賦：「雲行雨施，品物咸融。」㊄ 長遠。詩大雅既醉：「昭明有融，高朗令終。」國語周下：「故高朗令終，顯融昭明。」㊅ 和順，和諧。見「融融」。……

（《辭源》）

民建聯舉辦第二屆「香港年度漢字」評選，「融」字當選 2014 年「香港年度漢字」。

評審委員會指出，「融」字本義光明，亦有「炊氣上升、消消火氣」之意，若用於現今社會，則希望可達致「社會融洽，樂也融融」。

民建聯創會主席、時任立法會主席曾鈺成指，「融」字由「鬲」與「虫」組成，「鬲」是象形字，就像一個有三隻腳的鼎，是中國古代的一種煮食器具，「虫」則取其音，「融」字本身有加熱及融化的意義。「融」有正面、積極作用，亦正好與去年選出的年度漢字「和」字組成「融和」一詞，有延伸之意。

在眾多「融」字成語中，曾鈺成引用「冰融霧釋」來闡釋「融」字。他認為，未來一年對香港十分重要，但香港前路卻像有許多迷霧與冰雪，影響大眾合作及建設，期望熱力、熱情可令冰融化、迷霧消除，令前景更加光明。他直言，因議員來自不同背景、代表不同意見，立法會爭拗多，但若遇分歧只堅持己見不願協調，就永遠達不到共識。「成功不在於各方寸土不讓地去爭，而是在於為香港利益及發展，互諒互讓，繼續向前行。」在經濟或政治上，如能否成功走出政改第一步，如何解決民生問題及社會矛盾，各人有不同意見，「冰代表人際關係比較冷漠的比喻，要解決現時矛盾，要一點一滴凝聚共識，是破冰工程」。

時任民建聯副主席蔣麗芸認為，「融」字予人溫暖之感，希望社會能多融洽，大眾生活空間「樂也融融」。盧鳴東教授則取《論語》「君子和而不同」一句，認為只要融洽相處，許多問題自然可迎刃而解。

2014 候選年度漢字

調和、融洽之意。

社會紛爭、矛盾漸多，甚至有分化社會的言論，大家要互相包容，和睦共融。

有爭奪之意。

BB 要爭奶粉、幼兒要爭學位、年青人要爭單位、長者要爭床位、死者要爭龕位……市民「爭來爭去」，都係為咗三餐一宿，真係苦，希望 2014 年可以唔使再爭。

本義為辣味，
引申為厲害、老辣等。

呢個世代，做人要潑辣，鬧人要辛辣，壓炒樓要「雙辣」……整個社會熱辣辣，熨焓焓，2014 年要加辣還是減辣？

本義為水流因受阻而騰涌、飛濺，
引申為猛烈。

社會激化、言論激進、遊行示威激烈、社會情緒激動，人心浮躁，社會紛亂，到底何處可找到安寧？

本義是擔心、擔憂。

香港競爭力下降，社會創新不足，住屋、醫療、貧窮、人口老化、教育……種種深層次社會問題遲遲未解決，政制發展路在何方？人心不齊，2014 年難免令人憂慮。

2014 候選年度漢字

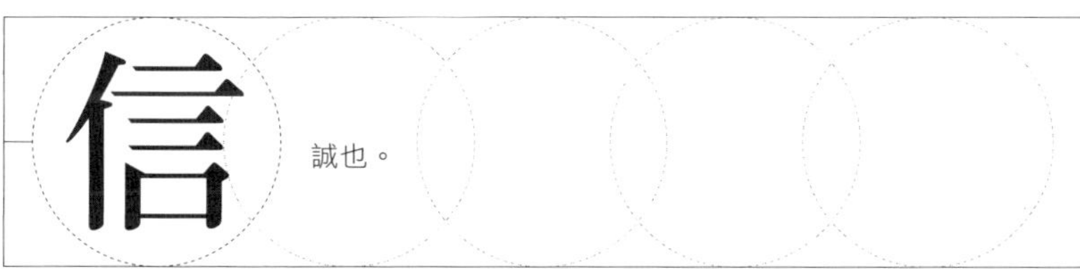

社會太多爾虞我詐，對政府缺乏信任，對政黨缺乏信賴，對傳媒半信半疑，對香港前景缺乏信心……大家有信任，才能成事。期望 2014 年社會多些互信，人與人彼此信賴。

有廉潔、廉正之意。

「公生明，廉生威」，政府要想得到管治威信，一要公，二要廉，一些廉政事件，打擊了公眾的信心，必須挽回公眾對廉潔守法的信心。

清潔無垢。

空氣愈來愈污濁，堆填區就快爆滿，2014 年市民渴望一個潔淨的環境，健健康康地生活。

安也，
有安穩、平穩之意。

社會愈紛亂，就愈顯出「穩」的可貴，市民期望政府穩守「以民為先」的立場，不可隨便因為少數人極端的反對及批評而軟化。

本義是安坐、安居，
引申為安樂。

世事無常，天氣幻變不定，萬千市民冀望社會安定，生活平安。

水火不「融」！

2014，香港這一年

2014 年的香港，正處於政改的十字路口，關於普選的政治紛爭日趨白熱化，陷入眾聲喧嘩之中。「佔中」與「反佔中」勢成水火，變為拉扯香港社會的兩股主要力量，在維港上空形成波譎雲詭的政治低壓槽。從政改爭議到「佔領」行動，從住屋問題到食安風波，這一年可謂跌宕起伏。「滬港通」與粵港服務貿易自由化，則為香港與內地融合發展帶來好消息。

這一年，就 2016 立法會選舉和 2017 特首選舉的政改方案，特區政府啟動為期五個月的首輪諮詢，呼籲社會各界以理性務實態度凝聚共識。時任行政長官梁振英向全國人大常委會提交諮詢報告，正式啟動「政改五步曲」的第一步。全國人大常委會開會審議有關報告，肯定報告積極、負責、務實，全面、客觀地反映了公眾諮詢的情況。會議認為，實行行政長官普選，是香港民主發展的歷史性進步，也是香港特區政治體制的重大變革，關係到香港長期繁榮穩定，關係到國家主權、安全和發展利益，必須審慎、穩步推進。鑒於香港社會對如何落實香港基本法有關行政長官普選的規定存在較大爭議，全國人大常委會就行政長官普選辦法的若干核心問題作出規定，以促進香港社會凝聚共識，依法順利實現行政長官普選。8 月 31 日，全國人大常委會通過《關於香港特別行政區行政長官普選問題和 2016 年立法會產生辦法的決定》(即「八三一」決定)，依法正式設定政改基本框架與核心要素，為 2017 年特首普選打開大門：香港特區行政長官選舉實行由普選產生的辦法時，包括須組成一個有廣泛代表性的提名委員會(提名委員會的人數、構成和委員產生辦法按照第四任行政長官選舉委員會產生辦法而規定)；提名委員會按民主程序提名產生二至三名行政長官候選人，每名候選人均須獲得提名委員會全體委員半數以上的支持；香港特區合資格選民均有行政長官選舉權，依法從行政長官候選人中選出一名行政長官人選；行政長官人選經普選產生後，由中央人民政府任命。此後，特區政府發表《2017 年行政長官及 2016 年立法會產生辦法公眾諮詢報告》，展開次輪政改諮詢。

這一年，「八三一」決定之後，香港發生非法「佔中」，從佔據金鐘、中環到佔據旺角、銅鑼灣，示威者長時間霸佔交通要道，對經濟、民生及法治等構成巨大負面影響。儘管特區政府呼籲「佔中」發起人以香港整體利益為重，但「佔中三子」仍然宣佈啟動「公民抗命」運動，「佔中」一觸即發。《亞洲週刊》在風波前夕曾經撰文表示：「這是香港沒有懸念的時刻，也是充滿懸念的時刻。醞釀逾一年半的『佔領中環』，以群眾癱瘓中環金融區，迫使北京開放『公民提名』、沒有篩選的方式，普選香港行政長官，不再是爭論不休的假設，而是即將出現的政治現實。……這是曇花一現的激情，還是香港從此走向動亂的開始？但可以確定的是，學生的力量將會扮演急先鋒的角色。」文章又指：相較於「佔中」三位發起人，大學生跨校組織學聯和中學生組織學民思潮表現激進，成為運動的催化劑，推動泛民黨派更趨激進化，但也刺激溫和派中間路線崛起。回看事件，雖然號稱「讓愛與和平佔領中環」，但伴隨着「佔領」行動的蔓延，期間卻爆發多次衝突，「佔中」发起人之一戴耀廷承認局面失控，並聲稱已非自己力量可以叫停。歷時七十九日的「佔中」，無疑對本港各行各業造成沉重打擊，對社會秩序和法治精神的衝擊尤甚，妨礙市民正常生活，損害香港公共利益，普羅大眾苦不堪言。政府沉着應對，高院發出禁制令，在示威者不予合作情況下，由警方依法採取行動，和平有序地完成旺角、金鐘及銅鑼灣清障清場，妥善處理事件。

這一年，針對非法「佔中」，社會各界成立「保普選反佔中」大聯盟，發起聲勢浩大的「保普選反佔中」行動。鑒於「佔中」嚴重影響市民生計與正常生活，甚至引發暴力及違法行為，主流民意批評「佔中」不但罔顧公眾安全，破壞社會秩序，而且無助推進香港民主政制向前發展。調查顯示：大部分香港市民對罷課及「佔中」持反對態度。大聯盟發言人周融坦言，雖然大聯盟成立倉促，但卻受到市民和社會各界的熱烈支持，可謂「應運而生」。他表示，凝聚分散的民間力量是大聯盟成立的意義，希望通過簽名行動，讓一直忍耐的中間派發聲，表達和平普選、拒絕動亂的意願與訴求。大聯盟發起「保和平 保普選 反暴力 反佔中」行動，收集逾一百五十萬簽名。又舉行為期九天的「還路於民 恢復秩序 維護法治」支持警方大行動，累計收集簽名數字超過一百八十三萬，相當於四分之一全港市民、幾乎三分之一的成年市民都參加了簽名，創下香港簽名行動最高歷史紀錄。事件中，深受其害的運輸業界成功向法庭申請禁制令，要求清除路障，還路於民。民建聯、香港總商會、香港中華廠商聯合會等社團譴責幕後黑手，呼籲全港市民抵制「佔中」，防止暴力事件重演。不少市民和團體公開斥責「佔中」影響生活和生意，對示威者堵路延誤緊急醫療救治等行為進行投訴。教育界和家長也反對學生參與「佔中」，香港大學校長馬斐森呼籲參與「佔中」的師生儘快離開示威現場，香港中文大學校長沈祖堯也向全體師生發出公開信，深切期望師生冷靜，立即撤離現場。這一年，國務院新聞辦公室發佈《「一國兩制」在香港特別行政區的實踐》白皮書，系統闡述「一國兩制」在香港特區的實踐情況，對於全面準確理解和貫徹「一國兩制」政策方針，發揮正本清源作用。

這一年，「滬港通」正式開通，粵港服務貿易自由化協議達成，香港與內地開啟歷史性的金融合作，兩地經貿聯繫日趨緊密。在博鰲亞洲論壇年會上，時任國務院總理李克強宣佈：將積極創造條件，建立上海與香港股票市場交易互聯互通機制，進一步促進內地與香港資本市場雙向開放和健康發展。同日，中國證監會與香港證監會發佈聯合公告，批准上海證券交易所、香港聯合交易所、中國結算、香港結算開展「滬港通」。「滬港通」由「滬股通」和「港股通」兩部分構成，香港投資者可透過「滬股通」平台直接投資五百七十隻內地A股，而內地投資者也可經過「港股通」平台投資二百七十隻港股。與此同時，取消香港居民每人每日兌換二萬元人民幣的限制。對於「滬港通」，香港政商各界均表示歡迎。消息公佈當日，恒生指數應聲急漲，以升幅投支持票。經過超過半年的籌備與測試，滬港兩地證券交易所同時敲響了聯通的鑼聲，滬港股票交易互聯互通機制試點正式開通。開通當日，港人「北上」投資熱情高漲，半日即已用罄「滬股通」一百三十億元額度。作為一項長期的制度安排，「滬港通」連通了滬港兩個完全不同的股票市場，可謂意義重大。此外，根據《內地與香港關於建立更緊密經貿關係的安排》框架，粵港簽署《關於內地在廣東與香港基本實現服務貿易自由化的協議》。內地為香港服務業開放廣東超過一百五十個服務貿易分部門，佔整體九成五以上。允許香港檢測機構與內地指定機構開展合作，承擔在港設計定型且在廣東省加工或生產的音視頻設備類產品的中國強制性產品認證檢測任務。在自願性認證領域，允許香港檢測機構對香港本地或內地生產或加工的產品進行檢測。就「商業存在」的服務模式，除特殊情況外，協議於廣東省在市場准入要求方面，給予香港檢測和認證業界與內地企業同等待遇。

這一年，特區政府從房屋供應與需求管理雙管齊下，標本兼治，致力循序漸進解決最迫切的民生問題。面對房屋供求嚴重失衡、樓價租金高企、劏房蔓延及公屋輪候人數不斷增加等長期累積的結構性房屋問題，特區政府公佈 1998 年以來首份房策規劃文件《長遠房屋策略》，冀能重建房屋階梯，協助基層上樓、中產置居，促進社會向上流動，並穩定樓市。《長遠房屋策略 2014》以為市民提供「適切而可負擔的居所」為願景，主張改變政策思維，以供應為主導，以公營房屋佔新增供應之多數（公私營為六四比），提出未來十年新增四十八萬個單位的建屋目標。長遠房屋策略分三大主綫，以期逐步扭轉目前房屋供求失衡的局面：加建新公共租住房屋，善用現有公屋資源；加建資助出售單位，豐富資助自置居所的形式，促進現有單位在市場流轉；通過持續土地供應、適時實施需求管理措施，穩定樓市，促進私人住宅物業銷售和租務的良好做法。與此同時，港府推出雙辣招以遏制樓價，防止樓市過度亢奮。對公司和境外人士置業徵收買家印花稅，有效減少市場需求，減緩樓價向上動力。又刊憲延長住宅物業的持有期，以加強版額外印花稅壓抑短期炒賣活動。

這一年，港人關於暴行與罪行的記憶，舊患方癒，又添新傷。四年前造成八人斷魂異邦、四個家庭破碎的馬尼拉人質慘案，在制裁與斡旋之下，終於為死傷者討回公道。港府與菲律賓政府就解決方案達成共識，發表聯合公告，菲政府向受害者及家屬「致以最悲痛的歉意和至誠的慰問」，事件終於接近尾聲，糾纏港人三年零八個月的心結終於有所開解。這一年，明報前總編輯劉進圖被人連斬六刀重傷，觸發大眾對於作為香港核心價值之一新聞自由的關注。港府高度重視事件，強烈譴責兇徒冷血暴行，並要求警方全力緝兇。這一年，歷經兩年半調查、四個多月審訊，前政務司司長許仕仁涉貪案終於宣判。許仕仁因一項串謀向公職人員提供利益罪、一項串謀觸犯公職人員行為失當罪，以及三項公職人員行為失當罪，獲刑入獄七年半。許仕仁因此成為香港回歸以來首名因貪污罪成入獄的高官。這場被媒體稱為「香港世紀貪污案」的官司花費近十億港元，不僅是香港史上最高級官員的刑事審訊，也是一場香港天價律師費案。

這一年，從過期肉到地溝油，食品安全風波連環襲港。先是上海福喜食品廠被曝以過期肉製作食材，食物安全中心查出本港有大型快餐連鎖店曾經進口涉事工廠食品，隨即宣佈停止進口及銷售所有福喜出品。繼而台灣又曝出食用油主要生產商強冠公司的地溝油醜聞，連鎖食肆、餅家、夜市攤檔紛紛中招。事件揭發香港為台灣劣質豬油的原料來源地之一，亦是問題油的回流市場之一，有三百多間本港食肆被指曾分銷或使用台灣油製品。市民因此擔心在不知不覺中進食地溝油食品，構成健康隱患，引發公眾恐慌。話說地溝油有許多不同稱謂，在港澳地區名曰「坑渠油」，在台灣地區名曰

「餿水油」、「垃圾油」或「廚餘油」，在中國內地則名曰「口水油」或「潲水油」。雖然名目各異，危害卻是相同，中招者輕則嘔吐、腹瀉、消化不良，重則致癌。在巨大的經驗誘因下，總有不良商家不惜以身試法，不顧對食用者健康造成損害，從廢棄油或食物殘渣提煉地溝油，冒充食用油以牟取暴利。全球化下食物供應鏈日趨複雜，事件暴露食物安全監管不足。為堵塞食安漏洞，特區政府召開跨部門會議，商討加強規管及阻截問題食品。然而，信心一旦動搖便需要長時間去修復，食安風波無疑為「美食天堂」帶來陰霾。

熱望：雪釋冰又融

2014 年，一場事先張揚的「佔中」粉墨登場，將一直奉行多元、包容的移民社會撕裂成兩半。有人說，從「佔領」運動到修例風波，中間陣營在香港消失，社會陷入非左即右的怪圈，彼此涇渭分明，水火不相容。因政見之分，異見者劍拔弩張，互不妥協，甚至友人割席，家人反目，本港社會出現前所未有的分化與對立……

對於「融」字當選年度漢字，葉傲冬直言社會融合明顯是面對當年社會撕裂現實的一種新年願望。他將十屆年度漢字評選分為兩個階段，前三屆屬於第一階段，反映市民對來年的盼望，後七屆則屬於第二階段，代表市民對當年的總結。他說，2014 年度漢字「融」寄託了市民對 2015 年的期盼，而

2013 年度漢字「和」則寄託了市民對 2014 年的期盼，「融」與「和」一脈相承，都是對當時社會現實的一種超現實冀望。而今，香港積極融入國家發展大局，參與書寫大灣區融合發展的故事，將十年前融合的盼望變成了十年後融合的現實，令人欣慰。

「佔中」之禍

「八三一」決定原本是打開普選之門的鑰匙，不料在有心人的政治操作下，卻變成了引爆非法「佔中」的火藥引線。運動爆發之時，距離戴耀廷提出「佔中」概念已經一年半有餘；風波蔓延之際，距離「和理非」（和平、理性、非暴力）的所謂初始設計更是相去甚遠。

9 月 26 日，學聯和學民思潮發起罷課，在政府總部外舉行集會。毫無征兆之下，活動突然變調，演化為衝擊行動，揭開非法「佔中」序幕。9 月 28 日，戴耀廷在集會上宣佈正式啟動「佔中」，並以「佔領」政府總部作為起點。從「雙學」發難到「三子」點火，從衝擊政總到破壞立會，「佔中」期間，香港多區交通癱瘓，街頭暴力衝突屢見不鮮。有激進示威者手持自製盾牌，搶奪警棍，推撞鐵馬，投擲垃圾桶與雜物，發動雨傘攻擊，多次與警方開戰，導致多名警察遇襲受傷，場面一度失控。所謂以有限度、非暴力的「公民抗命」為手段，爭取雙普選的「和平佔中」，在某種程度上，已經淪為罔顧公共安全及公共秩序的暴力行為。

香港保衛戰

違法「佔中」在鬧市持續蔓延，示威者非法構築障礙物堵塞道路，市民出行受阻，日常生活大受影響，引致民怨爆發。忍無可忍的市民自發到多個「佔領」據點進行聲討，指責示威者阻塞道路，支持警方清場，表達儘快恢復社會秩序訴求。部分市民更出手移走示威者的帳篷、沙包和路障，與示威者發生衝突。

面對捲入運動的學生，特區政府釋出善意，由時任政務司司長林鄭月娥率領「政改三人組」與學生代表會面。港大校長馬斐森和中大校長沈祖堯也一度走進現場，勸喻學生撤離。但示威者一意孤行堅持強硬立場，繼續霸佔道路，阻塞交通，未見散場跡象。

11 月 25 日，警方發出最後通牒，以最大的克制展開和平清場行動。此後，佔路者陸續退場，警方先後清理旺角、金鐘、銅鑼灣的障礙物，恢復通車，還路於民，還香港以法治、秩序和安寧。12 月 15 日，曠日持久的非法「佔中」終於完結，為困擾香港多時的「佔領」噩夢畫上句號。歷時七十九天的「佔領」運動，其間雖然時有衝突，但並未發生大規模暴亂，更未出現流血收場的結局。

回憶是如此地沉重，葉傲冬面色凝重地說：違法「佔中」

是對香港過往發展經濟、注重民生的一種顛覆，雖然以失敗告終，但對抗行動卻對香港造成了巨大的破壞：不僅市民生活生計和公共利益受到影響，本港經濟發展與營商環境嚴重受損，而且法治傳統和多元價值遭到破壞，國際聲譽與國際形象備受衝擊。由此引發的社會撕裂，分化乃至暴力化，更令香港一度亂象頻生，遺害深遠。當年，油尖旺區是「佔領」的重災區之一，葉傲冬作為油尖旺區議員，身處「佔旺」的漩渦之中，他慨歎對「佔領」之禍有更加切膚之痛。

葉傲冬直指，「佔中」組織者以破壞香港的經濟穩定與特區政府的正常運轉相威脅，如果任由其為所欲為，那麼大多數港人將被綁架。這是一場沒有勝利的鬥爭，長此下去只會把生病的香港搞得病入膏肓。他個人十分欣賞中央及特區政府的大智慧和大胸襟，採取包容、和解、對話的理性方式解決風波。又盛讚特區政府直面非法「佔中」的嚴峻挑戰，處變不驚、妥善應對，警隊上下恪盡職守，專業執法。他說，相比世界同類事件，「佔中」的處理手法可為範例。

香港不要亂

關於「佔中」與「反佔中」之爭，有觀點認為，表面看似普選分歧，實質卻是香港社會各種矛盾的總爆發。除了中產階級萎縮，年輕人也似乎失去向上流動的機會，社會不滿日增。有學者指出，回歸以來，「港人治港」和「高度自治」被重點強調，而核心的「一國」則遭遇有意或無意的忽視，以致香港在與內地和中央的關係方面出現失衡甚至錯位。

時任倫敦政治經濟學院亞洲研究中心高級客座研究員馬丁·雅克表示，經歷「佔中」之後，香港社會仍然有條不紊地運作，這正是「一國兩制」合理存在的形象解釋。香港在過去十年，總體看仍獲得成功發展。新加坡學者吳逢時則在肯定香港並沒有「大亂」的同時，預見年輕一代對政治理解的改變，以及對表達不同意見方式的理解的改變。他說：2014 年可能開啟了香港抗爭政治的時代，妥協和調解不會時髦，所有政治紛爭可能從此都會以社會戲劇的方式展現出來，都要以零和博弈來收場。

「公民抗命」抑或「顏色革命」？

政治版記者出身的葉傲冬，對於「佔中」事件自然有着與眾不同的敏銳嗅覺。從美聯社、《華爾街日報》、《金融時報》、《獨立報》等英美大報競相以「雨傘革命」對「佔中」加以報道，《時代》週刊亞洲版更以香港「雨傘革命」作為雜誌封面，外國勢力的介入與干預，可謂「司馬昭之心，路人皆知」。他認為，「佔中」與香港獨特的地緣政治、社會生態相互作用，密不可分，打的是「民主」、「自由」旗號，實則深受西方在全球推行「顏色革命」的影響，暗藏反中亂港的圖謀。

近年來，「佔領」運動有遍地開花之勢，已經成為一種街頭政治的主要表現形式，以及一種表達政治訴求的重要手段。然而，通過激烈對抗表達訴求的行為，在任何一個國家和地區都是非法的。葉傲冬說：在民主社會中，表達行為必須要符合法律上的必要限制，權利必須要在法治的框架下行使才能是理性的。「佔中」沒有法律依據，已經不是在行使正常的表達自由，超出了國際公認的權利和自由行使的正常範圍。非但如此，「佔中」甚至公然違反香港法律規定，衝擊政府和議會，嚴重阻塞交通，擾亂社會秩序，將少數人的政治訴求淩駕於法律之上。少數人為了一己之私劫持香港民意，宣揚「違法達義」，荼毒年輕一代，損害香港社會安寧和經濟繁榮，動搖香港核心價值和法治精神，可謂遺禍無窮。

愛的摩斯密碼

葉傲冬自言，無論是對於香港，還是對於自己，2014 年都是充滿挑戰的一年。這一年，他剛接任民建聯副秘書長一職，首次以政團管理層的身份去面對危機四伏的社會局面。同年，父親葉國忠病逝，令他飽嘗喪親之痛。

這一年，葉傲冬應傳媒之邀開設報章專欄，名曰「沒有蛇齋餅粽時」。「蛇齋餅糉」通常指代政黨以食物、禮品、康樂活動等小恩小惠籠絡選民，藉以換取潛在政治支持的一種政治現象，屬於具香港特色的政治動員方式。葉傲冬特意反其道而行，打破社會對於傳統建制派的刻板印象，予人耳目一新之感。

在專欄中，葉傲冬曾經以《電影與我》為題撰文。原來，他一直是電影發燒友。他在文中分享觀影《星際啟示錄》的所思所想：最震撼我心的是探討在我們看得見、感受到的空間以外，究竟還有沒有第二、第三，甚至第五空間。刻下我想起了老爸。如果真的有不同的二次或五次元空間，我想離開人世的人，可能只是去了不同次元的空間，繼續平行地過活。在不同次元的空間裏，我們當然看不見也觸不到，但卻感受到也互相守護着。要是在不同次元空間可以守護着自己愛的人，那種愛是很偉大，但在今天的香港，人們就是不懂如何表達「愛」，那怕是老爸在世時，他也只是含蓄且保守地展現他對我和妹妹的愛。我們現在需要更多「愛」，因為愛可以修補關係，把裂縫合上。知易行難，但願真的有愛我們、愛香港的人生存在第五次元空間，透過摩斯密碼把香港人逐一點醒。

「民二代」的政治長征

葉傲冬出身政治世家：父親葉國忠曾任油尖旺區議會副主席，更是油麻地區議會渡船角選區的第一位民選區議員；伯父葉國謙曾任立法會議員和行政會議成員。父親與伯父皆是民建聯創會成員，葉傲冬可謂根正苗紅的「民二代」。

父親在地區紮根，葉傲冬自幼便與政治結下不解之緣。

他說，雖然父親沒有刻意灌輸政治觀念，但會不時帶他出席建制派活動，大時大節又帶他與叔伯兄弟見面，令他在不知不覺中受到薰陶，覺得父親與伯父的工作很有意義，可以幫到很多人。然而，年幼的他卻從未發過從政夢，只因他認為正是父親從事地區工作，沒日沒夜地忙碌，才沒有時間陪伴自己。

直至上大學後，葉傲冬才真正意識到自己對政治的興趣。他自言並非學霸，但卻總是在政治科目表現得游刃有餘。畢業後，他當上政治版記者，為從政建立人脈，累積資歷。他專責立法會及人大政協新聞，短短五年間已升至助理採訪主任。2008 年，佐敦東區議會議席出缺，年僅二十八歲的葉傲冬毛遂自薦參加補選，一舉成功當選，從此躋身政圈。此後他兩度連任，2016 年更出任油尖旺區議會主席，直至在修例風波中敗選。2023 年，他重整旗鼓，經由地區直選重返區議會，繼續服務油尖旺市民。

回憶從政之路，葉傲冬坦言早在上小學時已接觸政治，放學即去父親辦事處報到、跟隨父親落區做義工，更是那些年的家常便飯。自己雖然曾經一度抗拒政治，但最終發現還是喜歡這工作。他引用孫中山對政治的定義「政是眾人之事，治就是管理，管理眾人之事就是政治」，指從政其實就是管理、解決眾人的事情。政治的有趣之處便在於，當一個問題解決了，另一個問題便會出現，周而復始，充滿挑戰。在他看來，政治充滿奧妙，喜歡挑戰的他，於是走上這條看似簡單、實則複雜的不歸路，並且樂此不疲。他說：自己的老本行是政治記者，記者工作與政治工作的關係既近還遠。一方面，當記者自以為很了解從政者時，實際上卻是所知甚少，可能只是媒體新聞冰山一角的所謂事實。另一方面，記者有「鐵腳、馬眼、神仙肚」的雅號，在跑得快、看得準、捱得住上，倒是與從政者有異曲同工之妙。

而今的葉傲冬，除了區議員角色，還身兼多項公職，曾任西九文化區管理局成員，現任香港故宮文化博物館董事局成員。2021 年，葉傲冬獲頒銅紫荊星章，以嘉許其一直擔當地區和西九文化區管理局之間的橋樑。骨子裏很文藝的葉傲冬，深信文化藝術對於青年人的價值觀有潛移默化作用，也一直在為建設文化之都而努力着。他說：在國家「十四五」規劃的明確支持下，香港正迎來發展成為中外文化藝術交流中心的全新機遇。作為國際大都會，香港擁有深厚的文化底蘊和多元的藝術氛圍，無論是戲劇、音樂、舞蹈還是視覺藝術，均展現出卓越的發展成就。粵港澳大灣區迅速發展，香港面前有更為廣闊的合作與交流平台，為本地文化藝術發展提供了無限的可能性。

2014 特區政府施政十件大事

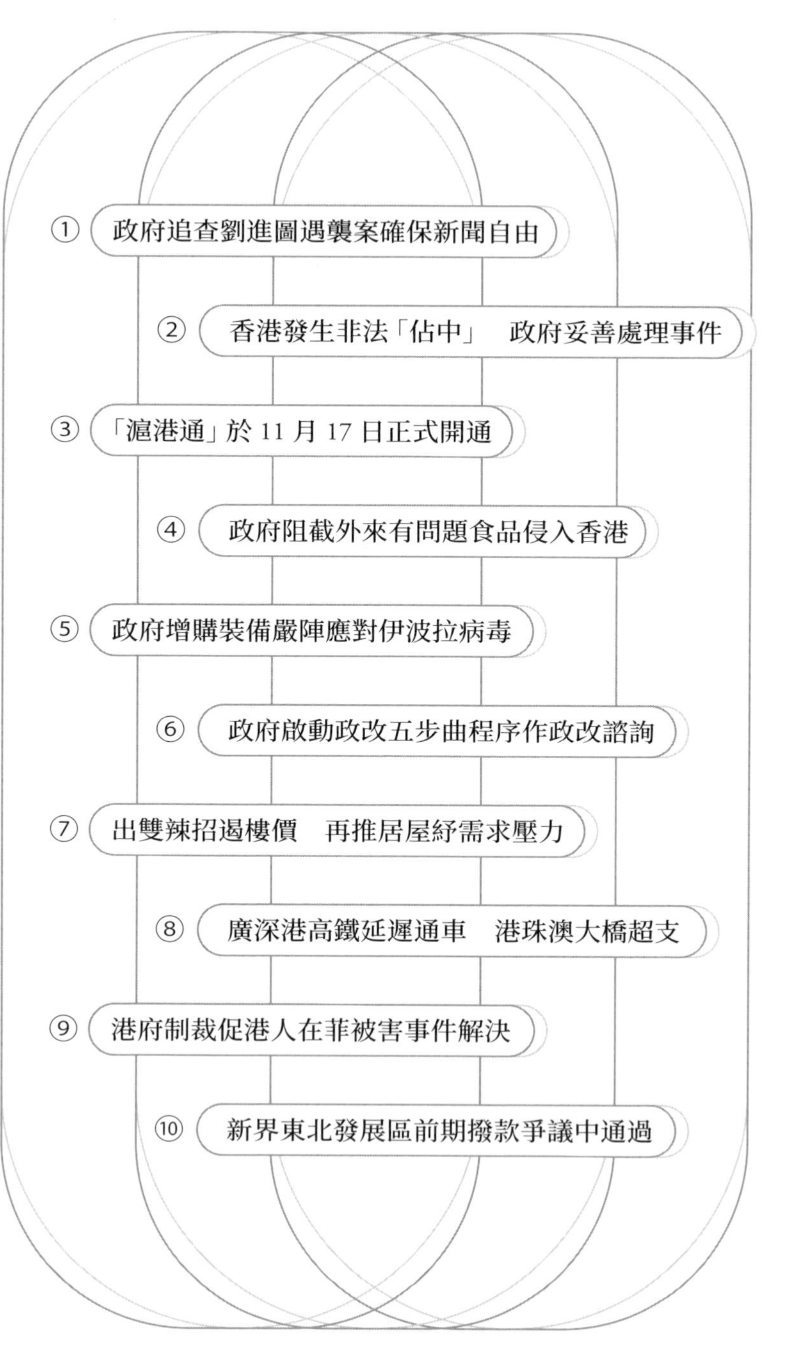

2014 香港商界最關注的十件大事

① 香港發生大規模違法佔中事件

② 滬港通幾經波折終在 11 月開通

③ 政改五步曲啟動人大定框架

④ 《「一國兩制」在港實踐》白皮書發表

⑤ 「保普選反佔中」行動聲勢浩大

⑥ 特首施政報告提發展大嶼山藍圖

⑦ 四中全會提出依法治國大方略

⑧ 反對自由行重創零售業

⑨ 阿里巴巴棄港赴美上市

⑩ 前海深港合作工作方案出台

法 fǎ ㄈㄚˇ 方乏切，入，乏韻，非。葉部。

本作「灋」。㊀ 刑法。書 呂刑：「惟作五虐之刑曰法。」㊁ 法則，法度，規章。周禮 天官 小宰：「以法掌祭祀、朝覲、會同、賓客之戒具。」注：「法，謂其禮法也。」禮曲禮下：「謹修其法而審行之。」注：「其法，謂其先祖之制度若夏殷。」㊂ 標準，模式。管子 七法：「尺寸也、繩墨也、規矩也、衡石也、斗斛也、角量也，謂之法。」墨子辭過：「故聖王作為宮室，為宮室之法。」㊃ 方法，作法。孫子謀攻：「凡用兵之法，全國為上，破國次之。」唐 杜甫杜工部詩十九寄高三十五書記：「美名人不及，佳句法如何？」㊄ 效法，遵守。易繫辭上：「崇效天，卑法地。」荀子禮論：「然而不法禮，不足禮，謂之無方之民；法禮，足禮，謂之有方之士。」……

（《辭源》）

民建聯舉辦第三屆「香港年度漢字」評選，「法」字當選 2015 年「香港年度漢字」。

評選委員會指出，「法」字獲選為年度漢字，反映市民對「法」的重視，尤其在「佔中」事件後，普羅大眾深刻意識到法治概念遭扭曲，以及違法行為對社會和人際關係造成的破壞，體會到守法才能令社會穩定，保障市民過正常生活。「法」字當選，對社會有警醒作用。

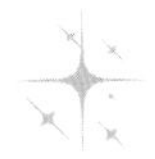

民建聯創會主席、時任立法會主席曾鈺成表示，法治一直是香港社會核心價值，但有人認為「理想」可以凌駕法治，「佔領」行動衝擊香港法治，市民擔心法治核心價值今後是否穩固，引發社會有關法治問題討論，令市民對法治有更多認識。「法」字獲選年度漢字順理成章，反映市民對當下社會問題的關注。

民建聯副主席陳勇認為，與「法」形成對比的是「亂」。民主能向前發展是基於「法」，沒有「法」，社會勢必生亂，再高的道德高地都會失去意義，這是維護社會核心基石的重要原則。

評選委員盧鳴東教授特別關注「禮」字，指「禮」是發自內心的一套行為守則，指導待人處事的應有規矩，「法」則是外在機制，當「禮」無法發揮效用時，便需要「法」去維護社會穩定。「禮法」是古代社會一套完整觀念。香港經歷「佔領」事件出現撕裂，「禮」如何配合「法」，對當下社會有啟示作用。

2015 候選年度漢字

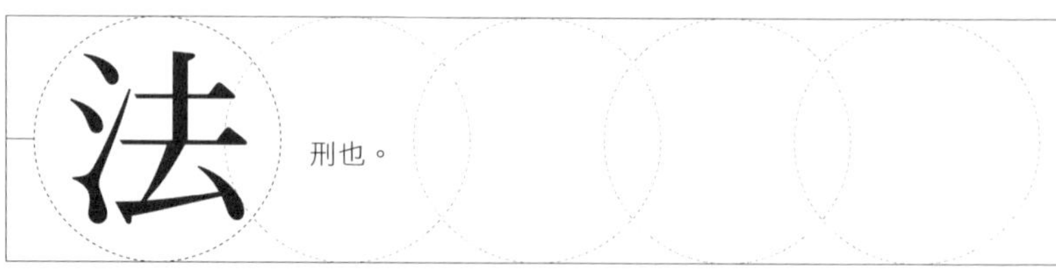

香港能穩定發展，市民利益得以保障，有賴大家和平守法、尊重法律、維護法治。

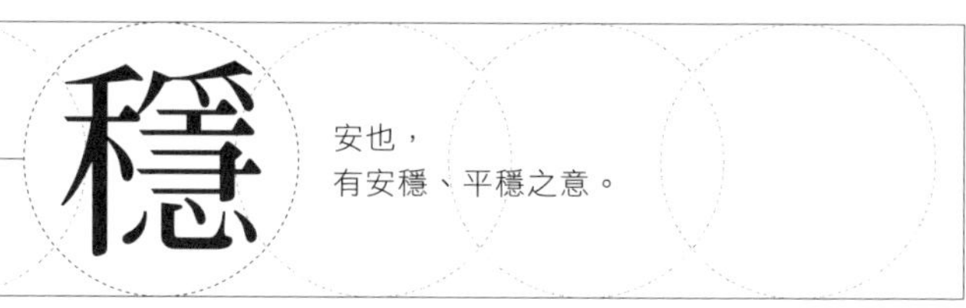

社會愈紛亂，愈顯出「穩」的可貴，市民期望政府穩守「以民為先」的立場，不可隨便因少數人極端的反對及批評而軟化。

社會深層次矛盾逐漸浮現，各種爭拗持續，人心撕裂，香港社會瀰漫着一股濃烈的對抗氣息，令人憂心。

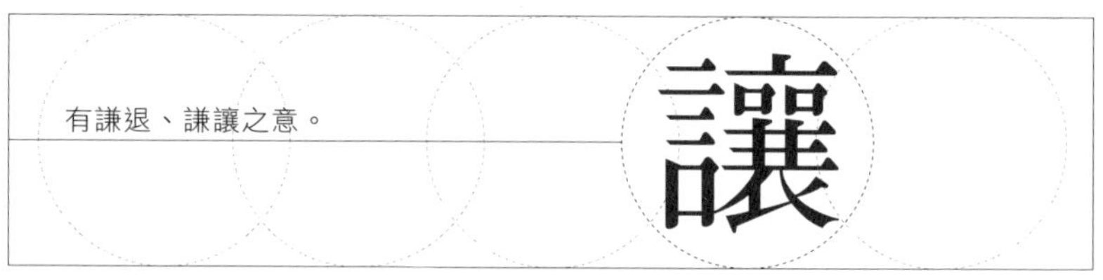

以抗爭行為來爭取訴求，只會深化矛盾，令社會缺乏互信。為香港的前途着想，不要對立，要互相讓步協商。

在高而懼也，
引申為危險、危機。

危

「佔中」事件令社會分化，各方利益受損。在這嚴峻的局勢下，港人應保持臨危不亂，冷靜找出解決的辦法。

2015 候選年度漢字

有禮儀、禮節之意，
引申為社會行為規範、典章制度。

中國是禮義之邦，推崇以禮相待和禮讓。市民在討論社會議題時，應互相尊重、守禮。

本義是仁愛。

發揚互助互愛的精神，愛自己、愛他人、更愛生命！

儒家五德（仁義禮智信）
之一，代表公正合宜。

所謂「博愛之為仁，行而宜之謂義」，要與身邊的人建立一種和諧關係。

有騷亂、混亂之意。

「佔中」事件對社會運作和市民生活造成混亂與破壞，窒礙香港發展。

指希望、展望及盼望。

人要有希望才會有動力，有動力才有機會實現希望。

法不容私！

2015，香港這一年

2015 年的香港，作為核心價值之一的法治，繼續遭受衝擊。由反水貨示威所衍生的光復行動走向暴力化，繼上一年的「佔領」行動之後，進一步挑戰法治社會的底線。在反對派的捆綁投票之下，延宕多年的政改方案遭否決。「政改五部曲」在立法會表決的第三部止步，民主之路繼續原地踏步，本港進入後政改時代。

這一年，政改方案在香港立法會進行表決，最終由於沒有獲得超過三分之二立法會議員贊成支持，而遭到否決。俗稱政改方案的行政長官產生方式修正案，一直備受矚目。由於反對派二十七名議員早已事先張揚要捆綁否決，難以符合反對票不能超過三分之一即二十三票的要求，令方案獲得通過的機會變得渺茫。時任政務司司長、具體負責政改工作的林鄭月娥，在表決前的最後陳詞中，直言由於政改方案將會被否決而感到痛心和失望。她自言無法預知香港的民主發展甚麼時候才可以重新上路，批評反對派無視基本法。建制派議員被迫採取「緩兵之計」，在表決前離開會議廳，企圖以「流會」方式為政改方案通過爭取更多時間，不料卻因溝通失誤導致無法「流會」。在政改方案遭到否決後，2017 年香港行政長官選舉將沿用上一屆的選舉辦法。立法會外支持政改方案的民眾，在得知否決的消息之後，神情落寞，指責反對派以少數裹挾多數，一意孤行否決政改方案。特區政府重申不會重啟政改，將聚焦社會民生與經濟發展，重新出發。行政會議非官守成員發表聲明，指特區政府提出的方案符合基本法及全國人大常委會的相關解釋和決定、符合香港實際情況，是合憲、合法、合情、合理的普選方案。立法會的表決結果令香港政制發展原地踏步，實現立法會普選全體議員的目標更遙遙無期。聲明表示，雖然議案被否決，但香港社會各項經濟發展和民生議題仍需各界同心協力處理，行會深信特區政府將繼續上下一心，緊守崗位，全心全意為香港市民服務。

這一年，反水貨示威愈演愈烈，呈現暴力化傾向，陸港矛盾趨向臨界點。反水貨示威以熱血公民和本土民主前線等勇武派為主體，策動「光復屯門」、「捍衛沙田」、「光復元朗」及「遊覽完上水去屯門」等一連串抗議。僅二三月間，本港便連續四周發生反水客遊行，一個技術性的社會管治問題被高度政治化，成為某些激進勢力的表演舞台。示威者沿途高舉「驅除蠻夷」、「『自由行』正衰人」等橫額，散佈「勇武抗爭，香港建國」貼紙，高呼「本港獨立」、「大陸人飲中國奶」、「中國人用中國貨」、「回中國消費」等口號，謾罵攻擊遊客，推撞圍毆警員，與持不同意見者爆發口角甚至肢體衝突。從上水到屯門，從沙田到元朗，遊行隊伍所到之處，店舖聞聲落閘，行人變色走避，現場如戰場，一片狼藉。資深媒體人吳志峰在《明報》撰文評論事件，批評衝擊行動「理論不足，策略不明，想起就做，見人就鬧，甚至沒有底線，像一群蠻牛在追逐，殺錯良民又死撐不肯認錯，焦點模糊，訊息混亂，行動失去正當性，離民意愈來愈遠」，代表了民間典型的反對意見。反對反水客運動的團體也在行動，多個團體發起「反熱血反暴力大遊行」，愛港之聲、紫荊行動等團體則於尖沙咀鐘樓集會，表達反「港獨」、反撕裂等訴求。面臨全港壓力，本土民主前線召集人黃台仰不得不承認反水客行動需要「暫時停止，檢討一下」，但卻拒絕譴責運動中出現的暴力行為。

這一年，深圳市戶籍居民赴港簽注由「一簽多行」改為「一週一行」。早在 2009 年，為幫助香港走出國際金融危機陰霾，中央政府應特區政府請求，在深圳市試行戶籍居民「一簽多行」個人旅遊簽注政策。深圳戶籍居民只需花費一百元申請簽注，便可以在一年內無限次訪港。「一簽多行」為香港帶來了不容小覷的消費力，帶動餐飲業與零售業等行業迅速復甦，為香港經濟發展和就業增加發揮了重要作用。然而，商機背後也衍生出一些問題。少數深圳居民持「一簽多行」簽注往返港深做起「代購」，搶購嬰兒奶粉等生活用品，加劇了香港一直存在的水貨客問題，一度引發兩地民眾矛盾。此外，隨着內地居民赴港旅遊人數的不斷增多，內地與香港出入境口岸壓力大增，赴港旅遊人數與香港旅遊承載能力的矛盾也日益凸現。因此，中央政府適時作出優化調整深圳市居民赴港個人旅遊政策的決定，公安機關於 2015 年正式停止向深圳市戶籍居民簽發赴港「一簽多行」簽注，改為簽發「一週一行」簽注，即深圳市戶籍居民每週可前往香港一次，每次最長可在港逗留七天。就有關政策調整，時任香港旅遊發展局局長林建岳表示，預計對訪港的過夜旅客影響不大，但對零售及餐飲業的影響可能在未來逐漸顯現。受多種因素影響，訪港內地客團數目應聲下降，較上一年同期銳減四成左右。時任行政長官梁振英表示，調整赴港人次政策是要「一減一加」，香港歡迎內地旅客訪港。

這一年，內地免試招生計劃進一步擴大，便利香港學生北上升學。2009 年，特區政府實行高中及大學新學制改革，以香港中學文憑考試（DSE）逐步取代香港中學會考和香港高級程度會考。「三三四」新學制改革牽一髮而動全身，預計首度實施三年後，將在同一年出現兩屆高中畢業生，學位競爭人數翻倍，高達十萬人。旨在紓緩香港學生的升學壓力，中央政府宣佈自 2012 年起試行免試招生計劃，為港生在內地升學途徑擴容。有關計劃豁免港生參加內地普通高等學校聯合招收華僑、港澳地區及台灣省學生考試，允許內地部分高校可根據 DSE 成績擇優錄取港生，在原有的聯招考試之外，開闢了一條港生赴內地接受高等教育的新通道。國家教育部制定相關升學政策，允許內地六十三所高校自 2012/13 學年起對港免試招生，香港應屆 DSE 考生均可報名參與。高校名單中，既有「九八五」、「二一一」全國性名校，也有省屬重點院校，方便港生進行不同層次的選擇。相比內地考生，還為港生提供更多的升學優惠。計劃一經推出，便吸引不少港生報名，實施首十年，共有約三萬四千名港生報考內地高等院校，當中超過一萬五千名考生獲錄取。隨着愈來愈多港生選擇北上升學，內地免試招生計劃高校數量亦不斷擴大。2015 年，參與計劃的高校數量增加至八十四所，當中不乏具備「世界一流高校建設」與「世界一流學科」的「雙一流」名校，有力地促進了兩地學術交流與教育融合，在港生認識國家最新發展，融入國家發展大局等方面，亦發揮了積極的作用。

這一年，行政會議批准擴建香港國際機場第三條跑道。三跑道系統將位於面積 650 公頃的填海所得土地之上，主要設施包括一條新跑道、滑行道及停機坪、新跑道客運廊、經擴建的二號客運大樓、旅客捷運系統及行李處理系統。為滿足香港的長遠航空交通需求，維持香港的整體競爭力，落實三跑道系統計劃關乎香港未來發展，實乃刻不容緩。工程造價高逾一千四百億，將透過向市場舉債借貸、停止向政府派息、向旅客徵收機場建設費，以及增加航空公司收費等方式籌措資金。反對聲音指項目造價過高，收效成疑，屬「大白象工程」。圍繞三跑興建與否，正反雙方爭議不斷。在提交立法會的文件中，運輸及房屋局逐一反駁外界對工程成效和空域等方面的質疑，引述機場管理局數據，預測三跑道系統可在五十年間為本港創造逾一萬億元經濟利益。機管局更形容，若不能順利建成三跑道，「整個香港都會輸」。時任運房局局長張炳良表示，現有機場雙跑道每小時最高升降量為六十八架次，明後年容量將會飽和，單以擴建客運大樓、又或與鄰近機場合作分流，均不能解決問題。當局會盡力做到「邊建設、邊保育」。時任機管局主席羅康瑞則表示：擴建香港國際機場成為三跑道系統會帶來龐大效益，不但有助鞏固香港的國際及區域航空樞紐地位及推動經濟發展，同時亦可提供數以十萬計就業機會。

這一年，前行政長官曾蔭權被控兩項公職人員行為失當罪，成為本港歷來被起訴的最高級別官員。早在 2012 年，曾蔭權便捲入接受富商款待乘坐私人飛機及遊艇等連串醜聞。經過三年調查，廉政公署以任內無合理辯解或理由下故意作出失當行為，正式落案起訴曾蔭權。其中一項控罪指他在參與決定雄濤（後更名為 DBC 香港數碼廣播）的廣播牌照申請時，沒有向行會申報或披露，或向行會隱瞞他與雄濤主要股東黃楚標就深圳物業所進行的事務往來及商議；另一控罪指他建議提名建築師何周禮授勳，但就隱瞞何周禮獲聘用在其深圳物業進行室內設計工程，有關室內設計工程令其受惠，工程費用則由東海支付。案件在東區裁判法院提堂後，被控方申請轉交高等法院由陪審團審理。在一份簡短的聲明中，曾蔭權稱自己問心無愧，深信法庭會還他清白。事件在隨後四年持續發展，最終出現峰迴路轉的大結局：2017 年，陪審員裁定曾蔭權一項公職人員行為失當罪成，被判入獄二十個月。法官陳慶偉宣判時指，本案嚴重之處在於被告是特首，他不止須向港人負責，亦須向中央政府負責，又指在自己的司法生涯中，從無見過任何人從如此高位墮落。2018 年，曾蔭權向法院呈交通知書，申請定罪的終極上訴，但決定放棄保釋申請。2019 年，終審法院五位法官一致裁定，曾蔭權上訴得直，由於上訴方已服刑完畢，安排重審不符公義要求，故不會就其瀆職控罪下令重審。

這一年，食水含鉛事件震驚全港，民生與環保議題引發廣泛關注。事緣有立法會議員收到居民投訴，經化驗揭發啟晴邨單位水樣本含鉛量超出世界衞生組織標準。其後，部分公共屋邨、居屋、私人屋苑、醫院及教育機構驗出食水含鉛，甚至有樣本驗出含鎳，構成食物安全風險。面對食水危機，全城人人自危，房屋署及相關承建商變成眾矢之的。為解燃眉之急，水務署緊急安排為受影響居民派水，承建商則為受影響屋邨更換有問題水喉部件。針對居住在受影響屋邨的較易受影響人士，醫院管理局安排為兒童、哺乳婦女及孕婦驗血，結果發現個別人士血鉛水平略高。於是乎，鉛水頓成「疑兇」，為千夫所指。政府成立獨立調查委員會和專責小組調查事件，展開一系列聆訊。有立法會議員引用評論指，政府如何處理食水含鉛事件會直接影響其民望，更隨時變成政治炸彈。這一年，立法會終於通過興建石鼓洲焚化爐的撥款申請，意味着「三堆一爐」撥款申請全數獲得通過。由於香港的三個堆填區——將軍澳、打鼓嶺及屯門，即將相繼飽和，政府因此提出「三堆一爐」方案解決垃圾圍城危機，向立法會申請擴建三個堆填區，並於石鼓洲興建焚化爐，希望緩解積壓已久的廢物處理問題。此外，為減少源頭廢物，政府全力研究都市固體廢物收費計劃，擴大膠袋收費範圍。除可豁免收費的情況外，全港超過十萬家零售店舖需向每個索取膠袋的顧客收取不少於五毫的費用，藉助用者自付模式，有效減少膠袋用量。

尋路：法治的呼喚

2015 年，雖然沒有「佔領」運動的轟轟烈烈，但是，示威、抵抗、不合作進入社區，「違法達義」的論調進一步發酵，光復行動迅速蔓延，令本港社會遭遇一連串震蕩。民粹主義抬頭，本土思潮冒起，社會撕裂，爭議不休。政改方案遭否決，政府施政遭遇巨大挑戰，政治前景不容樂觀。

對於「法」字當選年度漢字，律師出身的周浩鼎感觸尤深。他反覆強調政治理念決不可以凌駕於法治之上，「佔領」行動衝擊香港法治，「違法達義」完全是無稽之談，其後遺症日益顯現，貽害無窮。他表示，法治不僅是香港社會的核心價值之一，而且是香港成功的基石，絕對不容撼動。

反思：遺禍無窮的「佔領」運動

「佔領」運動一週年之際，周浩鼎曾在《大公報》發表題為《「佔中」禍害社會 應當引以為戒》的評論，指去年歷時七十九天的違法「佔領」，猶如一場噩夢。他質問小商戶的生意因「佔領」運動入不敷出，甚至欠下一身債務，有誰能補償他們？直指警隊同樣是「佔領」運動的受害者，他們盡忠職守、專業克制，卻遭示威暴徒辱罵、衝擊，甚至受傷，社會欠警隊一個崇高的致敬。

律師出身的周浩鼎，直言還是法庭最公道，在頒令清場的判詞中，批評示威者縱然擁有表達意見的自由與權利，但過程中絕不能侵犯他人的自由和權利。他認為「佔領」運動正是假借表達意見自由之名，赤裸裸地侵犯無辜市民的權益，不僅剝奪市民使用道路的權利，而且剝奪商戶正常營商的權利，痛斥整個運動就是徹底不負責任的惡行。

從法治的角度，周浩鼎強調香港的成功正是由於法治的堅固基礎，「佔領」運動所謂「違法達義」的後果非常嚴重：「佔中三子」和學生領袖明知不可為，卻硬要煽動抗爭妄圖脅迫中央，導致無辜小商戶承受經濟損失，造成無數家庭朋友因政見不同而產生撕裂，最後亦嚴重扭曲了下一代對守法和法治的觀念。他反問，如果法治也動搖，人們可以為了自己主觀目的而冠冕堂皇地不遵守法律，那麼我們的社會如何運作下去？

惋惜：無疾而終的政改方案

備受矚目的政改方案在立法會連續兩日審議，由於反對派從中作梗，最終議案未能獲得立法會三分之二議員支持而遭否決，「政改五步曲」至此中途止步。回顧本港政改歷程，政改方案曾經三度提交立法會審議，三次中有兩次被否決，只有一次獲通過，可謂困難重重。第一次審議，反對派以政府未提出普選時間表而否決議案。第二次審議，以全民直選「超級區議會」議席為特色的改良方案成功過關，特首選委人數增至一千二百人，區議員成為選委，政改得以「起錨」。第三次審議，反對派拒絕「袋住先」，再一次令香港政制改革止步不前。

按照全國人大常委會的決定，2017 年香港特區第五任行政長官的選舉本來可以實行由普選產生。然而，就政改方案的落實仍有不少爭議，反對派更是不顧基本法規定，堅持必須加入政黨提名、公民提名等提名方式。此後，全國人大公佈「八三一」決定，為政改方案提名方式一錘定音，反對派卻依舊固執己見，威脅否決政改方案。最終令 2017 年普選行政長官的夢想破碎，香港的民主之路再次受阻。當年，周浩鼎直指矛盾的根源在於反對派刻意扭曲「一國兩制」觀念，他認為，按照基本法和人大框架落實普選，絕對合情、合理、合法，亦是「一國兩制」的體現，反對派要求撤回「八三一」決定，在根本上違背了「一國兩制」。對於政改失敗，他十分痛心，更指反對派空談理念、教條主義，無視選舉辦法可以不斷優化，今次普選只是開始並非終結的客觀事實。他批評反對派罔顧實際情況一意孤行，以一蹴而就的普選否定循序漸進的普選，對香港民主進程造成巨大傷害，讓全港市民承受政改原地踏步的苦果，實屬千古罪人。

而今回想起這場政改硬仗，周浩鼎更加深有感觸。他說：在 2015 年政改的時空下，我們對自己的主張固然據理力爭，同反對派不斷鬥爭。然而當時尚未發生 2019 年的黑暴，未有親歷反對派勾結外國勢力所造成的難以想像的巨大破壞與傷害。反對派立法會議員竟然公然勾結外國勢力要求制裁香港，目的就是製造對中央的仇恨，煽動「港獨」風潮，大搞分離主義。今天看來，中央按照事態發展而因時制宜，及時制止外國勢力和反對派的陰謀。中央因此打出組合拳，包括訂立香港國安法，完善選舉制度，以及為基本法二十三條正式立法，出台維護國家安全條例。自此，香港才真正摸索出適合自己的一套良政善治制度：立法會的組成，由從前只有地區直選及功能組別，變為選舉委員會、功能組別及地區直選三方面組成。新增的選舉委員會界別，更能體現均衡參與原則，讓工商專業、中小企、基層等社會各界別人士有機會參與。在實踐新制度的過程中，立法會也更能從宏觀角度看問題，避免精英與民粹的兩極。

正念：打破「本土」的迷思

香港本土派以「反水貨客」為名挑動兩地矛盾，多次發動針對內地旅客的光復行動，煽動本土思潮乃至散佈「港獨」概念。有份策動行動的本土民主前線發言人梁天琦，曾在接受電台訪問時聲稱，「本土」意識抬頭源於市民有怨無路訴，才被迫走上街頭。還指在中小學推行普通話教學是扼殺本土文化，認為新來港人士需要完全認同本土價值標準。

對於梁天琦的有關言論，周浩鼎直斥其非。他批評「本土」言論十分狹隘，挑動兩地矛盾，完全是「去中國化」的表現，不利社會團結。與暴力合流的極端主義，更嚴重打擊本港經濟民生，有損香港國際形象。他續指，水貨客問題應循正常途徑解決，以所謂「勇武」手段阻嚇，只會破壞社會秩序，影響市民正常生活，長遠必將荼毒下一代，拖垮香港未來，因此絕對不能姑息容忍。他自言作為法律界人士，有責任堅守基本法，落實推動「一國兩制」，決不縱容有人肆意破壞香港的核心價值。

事實上，早在 2015 年的一場關於本土思潮與「一國兩制」的論壇上，周浩鼎便已經洞察先機。他指出，「本土」真正的涵義是關於地方本身的文化、特色和優勢，而坊間本土派經常把「本土」意識與「港獨」、「高舉龍獅旗」扯上關係，是用「分離主義」來騎劫「本土」的真正涵義，肆意借資源分配問題煽動「港獨」主義。他坦言，世界上每個地方都有本土色彩，皆存在本土精神，從政者都會思考如何為本土爭取更多權益，但「本土」與「國家」之間不存在不可調和的矛盾，更不等同獨立。他進一步強調，香港擁有悠久的中國文化傳統，同時也是連接世界的國際大都會，具備法治精神根深蒂固等本土優勢，港人應該在「一國兩制」框架內多發揮自身優勢。

公心：相信專業的判斷

2015年，《2014年版權（修訂）條例草案》幾經波折在立法會恢復二讀，爭議不斷的版權條例立法再一次進入公眾視野，在議會內外引起強烈反響。香港的版權法早已涵蓋實體作品，但並未適用於虛擬的網絡世界。鑒於互聯網發展迅速，特區政府一直希望通過檢討和修訂版權條例，加強數碼環境的版權保護，在保障版權持有人權益的同時，平衡網民權益。有關草案旨在釐清部分網上侵權行為，包括俗稱「惡搞」或「二次創作」的改圖、改片或舊曲新詞行為的民事與刑事責任。為消除公眾疑慮，新草案引入多項豁免非商業性及非大規模「戲仿」行為的條款，但激進派仍然將其標簽化為「網絡23條」，質疑立法涉及政治操控，破壞作為香港核心價值之一的言論自由。對此，民主思路召集人、資深大律師湯家驊表示，有關修訂條例給予網民更多豁免，質疑負責審議法案的某些議員人云亦云，甚至將修訂曲解為「網絡二十三條」，與事實相違背，對社會不公平，實在匪夷所思。

泛民議員就版權條例提出三項修正案，包括參考外國引入「公平使用」取代原有的「公平處理」。周浩鼎認同此一項修訂，他指出，只要網民符合非牟利原則，就能被豁免，具有較高的寬鬆度，有助釋除網民疑慮，不失為解決當時困局的一種有效方法。至於泛民提出的另外兩項修訂案，他則認為並不符合國際有關着作權的《伯恩公約》。對於民建聯曾表態支持原議案，不會支持泛民修訂案，周浩鼎表示，自己作為法律界一分子，有責任從法律專業的角度進行判斷，支持改用屬較先進條例的「公平使用」。他還向民建聯高層解說個人法律意見，積極進行游說，努力爭取最好的結果。

2022 年，版權修訂條例草案再度在立法會進行審議，最終在 2023 年實施。但今時不同往日，經過十多年的醞釀，法律及案例也因時制宜，不斷演變。版權條例雖然仍然採用「公平處理」原則，已逐步吸納了「公平使用」的精粹。鑒於過往不少侵權案件難以量化被侵權方的經濟損失，周浩鼎特別提議在日後參考加拿大法定賠償方式，以法庭定額罰款增加阻嚇性。此外，對於近年才興起的非法串流，今次條例仍未完全涵蓋，他主張未來還需要再進一步下功夫。

實幹：服務地區的承諾

2015 年區議會選舉是「佔領」運動後的第一次大型選舉，

轉戰直選的周浩鼎，難免遭遇「傘兵」狙擊。對於日趨政治化的區選，他坦言，此次選舉充滿變數，有部分新登記的年輕選民在投票時以政治理念掛帥，亦有反對派鼓吹從區議會開始改變香港政治生態。自己過往四年從地區工作中學到很多，不怕有對手挑戰，但決不會掉以輕心，因此當時「打醒十二分精神」嚴陣以待。他表示，區選傳統一向以民生議題為重，將區選政治化，其實是漠視了地區工作的重要性。如果議會鬥爭從立法會延伸到區議會，激進人士趁機進入區議會，必定令對立情勢更為激化，甚至有爆發「十八區佔領」的風險。

面對空降的「傘兵」，當時出選東涌南選區的周浩鼎，堅信民生無小事，必須切實關注民生，腳踏實地做好地區實務。因此，他以「少講多做」為對策，重點針對區內物價高買餸貴、交通配套不足等地區難題，提出東涌發展兩大願景，設計出發展市政大樓、妥善處理交通配套等有效解決方案，旨在減輕基層市民的生活成本，提供出行便利，爭取令街坊安居樂業。事實證明，功夫不負有心人，他成功擊敗「傘兵」，當選民選區議員，繼續為當區選民服務。翌年，周浩鼎再接再厲，出戰俗稱「超級區議會」的區議會（第二）界別選舉，在嚴峻選情中全力以赴，最終成功躋身立法會，力保建制派兩席不失，同時達成民建聯參選名單的「大滿貫」，進一步為建設力量發聲。

「番書仔」的中國情

2015 年，銳意年輕化的民建聯選出新一屆領導層。年僅三十五歲的周浩鼎當選副主席，晉身第一大愛國愛港政團領導層。他坦言「受寵若驚」，深感榮幸，並且下定決心，承傳前輩打下的良好基礎，服務和建設好香港。

回望從政之路，周浩鼎的教育背景發揮了潛移默化的作用。他高中赴英國留學，其後入讀世界名校英國倫敦政治經濟學院。由於早年就讀的寄宿中學以外國人為主，五六百人中只有十幾個中國人，他笑言，當時外國人少見多怪，視中國人為「少數族」。繼而又正色說，人在異鄉，便會特別渴望身份認同。因此，每當有外國人問及九七回歸問題，他總是毫不猶豫地給出對方不想聽到的答案：中國人回歸自己的祖國，不再被殖民管治，當然再好不過！於是乎，畢業後回港發展，加入愛國愛港旗艦政團民建聯，踐行求學時代的理想——為服務香港和建設祖國貢獻力量，一切順理成章。

2012 年，周浩鼎與一班活躍於城市論壇的政壇新星發起成立香港青年時事評論員協會，旨在凝聚青年力量，就社會時事政策發聲，建言獻策，推動香港發展，融入國家發展大局。作為城市論壇的常客，因為敢言，周浩鼎經常被「槍打出頭鳥」。在城市論壇上，他也曾經單挑反對派大佬黎智英，連番唇槍舌戰，質問對方催谷「民間投票」用心，批評其勾結外國勢力干預本港政治，激化社會矛盾，阻礙普選進程。作為欖球運動的一名悍將，他自言「夠膽撞，夠膽跌」，在罵聲中不斷修煉和成長。

出發：肩負時代的使命

2007 年，周浩鼎開始攻讀香港大學法學專業證書課程，於 2009 年正式成為一名執業律師。擁有法律專業背景的他，經常就香港司法問題發聲，曾經發佈司法倡議書，就法庭電子化、中國憲法培訓、推動香港調解仲裁爭議解決服務等提出合理化建議。一路走來，法律專業早已成為他服務和建設香港的助推器。

此時此刻，周浩鼎再一次憶及 2015 年的政改。他直言社會大眾當時尚未親身經歷及切身體驗維護國家安全漏洞與短板所帶來的禍害。反對派藉機挑起的政治爭拗，令社會分化及空轉，這是我們必須謹記的教訓，必須在國家安全層面補好漏洞和短板，讓香港能夠集中精力發展經濟民生。他說：當年，我們雖然反覆強調法治，但反對派及外國勢力根本視「法」為無物，致使香港亂局不斷，非法抗爭接踵而來。只有在維護國家安全機制和選舉制度得以完善之下，才能真正實現良政善治，香港市民才能真正感受到法治的真諦。

在訪談過程中，周浩鼎大談香港國安法、完善選舉制度與國安條例等「國安三部曲」，由始至終表現出身兼律師與立法會議員的政法素養，彰顯國安家安的家國情懷。他直指維護國家安全，放諸四海而皆准。尤其是經歷過 2019 年的黑暴，令廣大市民更加清楚地看到，外國勢力蓄意在香港煽動暴亂，妄圖製造顏色革命將香港從國家分裂出去。他堅信，維護國家安全，正是社會穩定和經濟發展的基石。從出台香港國安法，到完善選舉制度，直至通過國安條例，為香港建立健全維護國家安全機制築牢屏障，在香港發展進程中具有重大的里程碑意義。

2024 年 3 月 19 日，《維護國家安全條例草案》在立法會全票三讀通過，前後歷時二十餘年的二十三條立法終於撥雲見日。周浩鼎作為法案委員會十五名成員之一，參與並且見證了二十三條立法的誕生。為此，他難掩激動心情，專門撰寫長文，形容這是載入史冊的歷史性一天，值得大書特書，亦是自己議會生涯中彌足珍貴的重要一頁，畢生難忘。他說：有幸投身並完成二十三條法案審議工作，能夠為維護國家安全出一分力，自己深感光榮。在審議條文的日日夜夜中，黑暴的一幕幕又再次浮現在腦海中，更加提醒自己，今次立法是要在維護國家安全的機制上作出完善，必須將從前存在的安全漏洞與隱患逐一堵塞。他感慨道：為立法而努力的所有人，分工協作，群策群力，為香港完成了歷史的責任與使命。

2015 特區政府施政十件大事

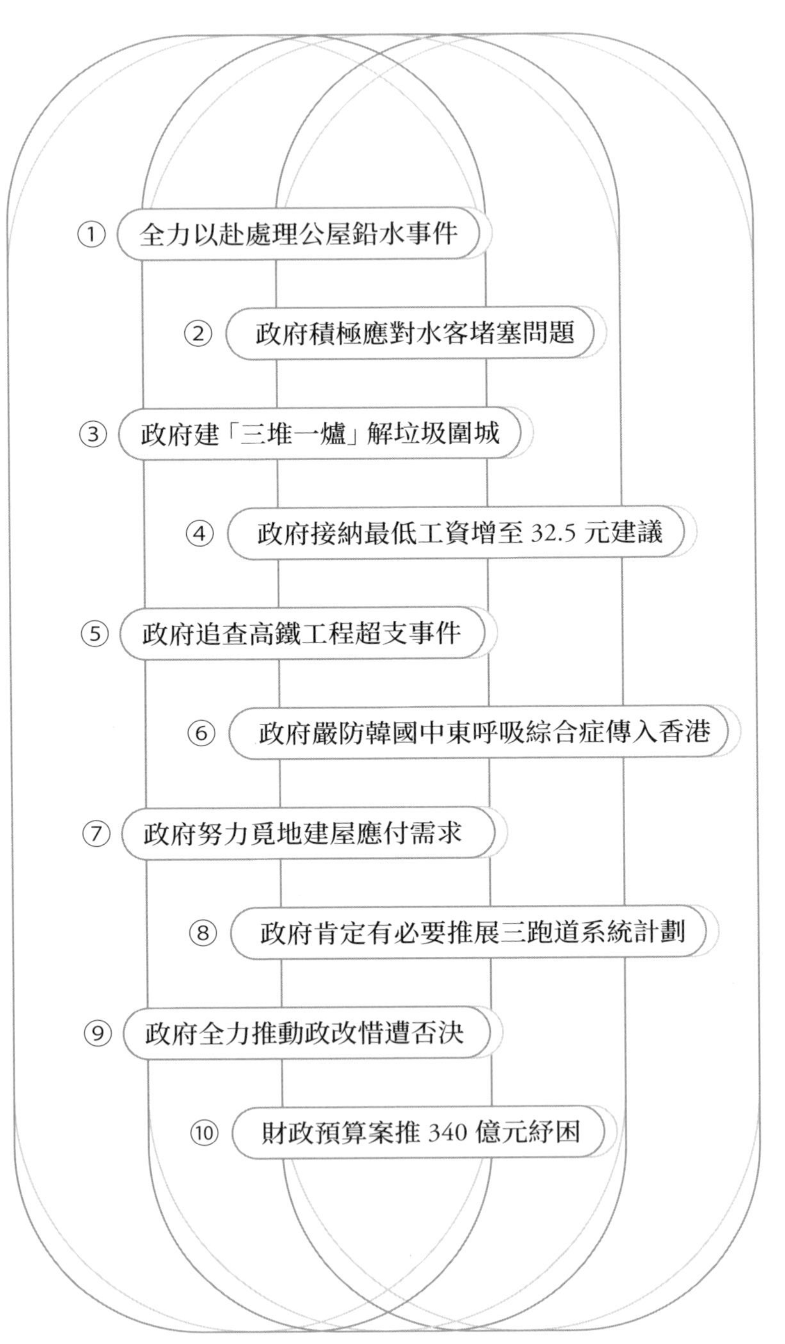

2015 香港商界最關注的十件大事

① 政改方案未獲通過

② 人民幣加入 SDR　國際化提速

③ 「一簽多行」改為「一週一行」

④ 習馬握手創歷史新一頁

⑤ 50 創始國簽亞投行協定

⑥ 區議會選舉投票創紀錄

⑦ 美充分就業 12 月加息

⑧ 「十三五」規劃出台　涉多個範疇

⑨ 香港樓價見頂開始調整

⑩ 港投資移民叫停

香港·2016

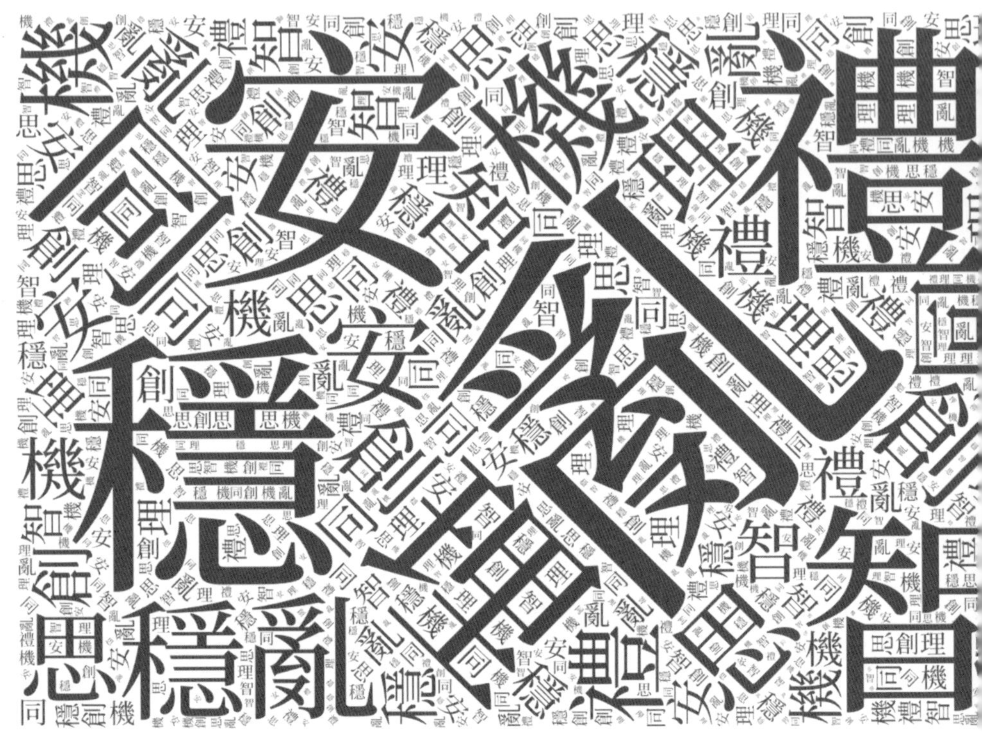

亂 luàn ㄌㄨㄢˋ 郎段切，去，換韻，來。元部。

㊀ 沒有條理。左傳莊十年：「吾視其轍亂，望其旗靡，故逐之。」引申為心緒不寧。楚辭屈原卜居：「心煩意亂，不知所從。」㊁ 動蕩不定。和「治」相反。韓非子難勢：「抱法處勢則治，背法去勢則亂。」㊂ 起事，造反。書湯誓：「非台小子，敢行稱亂。」史記八七李斯傳：「於是楚戍卒陳勝吳廣等乃作亂。」㊃ 擾亂。論語衛靈公：「巧言亂德。小不忍則亂大謀。」韓非子五蠹：「儒以文亂法。」㊄ 混雜。韓非子喻老：「宋人有為其君以象為楮葉者，……亂之楮葉之中而不可別也。」㊅ 淫穢行為。荀子天論：「男女淫亂。」漢書四四衡山王傳：「欲與亂以止其口。」㊆ 治，理。見「亂臣㊀」。參閱清段玉裁說文解字注亂。……

（《辭源》）

民建聯舉辦第四屆「香港年度漢字」評選，「亂」字當選 2016 年「香港年度漢字」。

民建聯創會主席、時任立法會主席曾鈺成稱，相信市民投票選出「亂」字，是因為這一年香港亂象比以往多，由年初旺角暴動，至近期立法會宣誓辱國事件，市民能感受到議會、社會的秩序受衝擊，亦反映市民人心思定、思穩，希望亂象盡快過去。他估計今次選舉投票率創歷屆新高，和市民想透過選舉表達想法有關。

曾鈺成稱，「亂」字的簡體字來自草書楷寫，而象形字其實代表兩隻手在織布架中理順亂絲的動作。說文解字中，「亂」的字義為「治也」，引用《論語．泰伯篇》的「亂臣」，其實解作有治理、管治能力的大臣。他表示，由亂變成治，需要有管治能力的人，相信香港未來亦會選出能夠治亂的下任行政長官，帶領香港走出困局。他引用特首梁振英初上任時的說法指，香港的矛盾問題淵源甚深，過去四年工作已有着力解決，但下屆政府仍要承接工作繼續努力。

民建聯副主席陳勇表示，由年初旺角暴亂至年底宣誓風波，的確給大眾亂象橫生的感覺，強調只有全港市民一起努力，團結一致，香港才能由「亂」入「治」。

時任民建聯副秘書長葉傲冬指，「穩」字排第二位，證明市民希望社會穩定，安居樂業。近一千五百名中學生參與投票，某程度反映年輕人觀感。

2016 候選年度漢字

動亂、混亂，
沒有秩序，社會動蕩不安之意。

香港社會日趨混亂，出現反智言論，固守政治立場而罔顧是非黑白。違法衝擊令社會亂上加亂，窒礙香港發展。

穩固、穩健，
安定，固定之意。

穩定是香港賴以發展的基礎，任何破壞香港穩定的事情，都應受到譴責。

安定、安穩，平靜、穩定之意。
對生活工作等感覺滿足舒適。

香港大部分類別罪案均呈下跌趨勢，治安良好，經濟穩定，市民能夠安居樂業。

禮讓、克己復禮，
尊敬、友好的態度，符合社會整體利益的行為。

面對矛盾，香港人需要互相尊重，以禮相待，不爭一時之氣。

智力、才智，
聰明、有見識、有遠見，考慮問題周到。

社會矛盾尖銳複雜，需要智者引領香港走出困局，更需要港人發揮集體智慧，和衷共濟。

2016 候選年度漢字

理性、理據，
物質本身的紋路、層次；事物的規律、是非得失的標準。

社會存在矛盾，政治爭拗不斷，但香港市民最終都會選擇以理性化解矛盾。

求同存異、同心，
一樣、一致，沒有差異之意。

社會上有爭拗、有矛盾，但香港市民依然同心同德，求同存異，愛護香港這個家。

機會、契機，
適當的時機、事物轉變的關鍵。

儘管香港面對種種困難，但危中有機，關鍵是港人能否運用智慧，靈活變通，化危為機。

創新、開創，
創，始也。開始實行，建立之意。

行政長官梁振英年初發表第四份施政報告，主題為「創新經濟 改善民生 促進和諧 繁榮共享」。只有創新，社會才能與時俱進，保持競爭能力。

思考、思索，
思，想也，考慮，動腦筋之意。

香港人居安思危，才能臨危不亂；勤於思考，才能明辨是非。

紛亂如麻……

2016，香港這一年

2016年的香港，從農曆新年旺角街頭的劍拔弩張，到立法會換屆選舉的赤身肉搏，再到宣誓風波的一石激起千層浪，政治對抗與社會撕裂在混亂乃至動盪中持續發酵。作為社會和諧寒暑表的立法會選舉，更在這一年同時創下香港回歸以來三項歷史紀錄——歷屆選舉投票率最高、累積投票人數最多、登記選民人數最多。

這一年，在本應歡樂祥和的農曆新年，爆發了長達十小時的激烈警民衝突。大年初一晚至初二晨，有小販涉嫌在旺角非法經營，與到場執法的食環署職員發生衝突。本土民主前線成員梁天琦及黃台仰等大批本土派人士到場滋事，以聲援小販為名，衝擊在現場調停的警員。示威者堵塞馬路並與警方推撞，部分示威者向警方投擲磚塊及大型雜物。警方則派員實施人群管制，動用胡椒噴霧及警棍驅散示威者，衝突愈演愈烈，其間有警員兩度向天鳴槍示警，阻止暴徒襲擊同僚。衝突造成最少一百二十五人受傷，包括九十名警員和四名記者。警方指事件是暴徒有組織有預謀的行動，特區政府其後以「暴亂」定性事件。旺角騷亂是香港回歸以來首次發生的暴亂事件，亦是罕見的針對執法人員的暴力行為。特區政府發表聲明，指凌晨開始有至少數百名暴徒在旺角騷亂，襲擊警務人員及在現場採訪的新聞工作人員，毀壞警車及公物、縱火，向被襲受傷倒地的警員近距離投擲磚頭和雜物，嚴重危害執行任務的警務人員及其他在場人士人身安全。政府發言人嚴厲譴責暴力行為，表示會全力緝拿肇事暴徒歸案，繩之於法。香港社會各界亦紛紛發表聲明，嚴厲譴責旺角暴亂事件，支持警方嚴正執法。

這一年，立法會換屆選舉，近六成投票率創回歸以來新高，並且呈現新舊交替、本土勢力擴張等顯着特點。除了建制與泛民兩大傳統陣營進行對決外，因強調香港人利益本位的本土派急速冒起，令選舉平添變數，選情更趨白熱化。傳統泛民陣營出現碎片化態勢，因與本土派各有立場，難以作出有效協調。黃毓民、李卓人、馮檢基、陳偉業等多名資深泛民大佬落敗，朱凱廸、羅冠聰、梁頌恆、游蕙禎、鄭松泰、劉小麗等本土激進派「政治素人」則成功搶灘，一舉奪得議席，令議事堂政治光譜更趨複雜。「佔領」運動後，香港社會撕裂。在政治議題乃至意識形態壓倒一切的氛圍下，立法會選舉論壇有淪為口號式質詢之虞。建制陣營於地區直選和功能組別中仍取得近六成議席，在議席比例上，與反對派維持基本格局。民建聯、新民黨等成功實現新老交替，平穩過渡。

本次立法會選舉，有十二位在任議員在選前宣佈不再參選，其中不乏曾鈺成、譚耀宗、陳婉嫻、葉國謙等政壇重量級人物；產生了二十六位新任議員，佔議員總數近四成，換屆率相當之高。

這一年，在立法會議員宣誓儀式中，個別議員的辱華言辭及「港獨」行徑釀成宣誓風波。青年新政梁頌恆和游蕙禎發表疑似「支那」辱華字句，並且展示「港獨」標語，引發輿論嘩然。特區政府史無前例入稟法院，就二人的議員資格申請司法覆核。全國人大就基本法第一百零四條釋法，除了議員當選後的宣誓要求，更延展至參選權及就任後作虛假宣誓或違反誓言所要承擔的法律責任。高等法院裁定梁頌恆和游蕙禎宣誓沒有法律效力，喪失立法會議員資格。梁、游不服上訴，遭上訴庭引用人大釋法內容駁回。特區政府乘勝入稟，挑戰劉小麗、羅冠聰、姚松炎及梁國雄等四名議員加料宣誓的合法性。立法會議員葉劉淑儀特別撰文指出：宣誓意味着對「一國兩制」模式中「一國」的尊重，判決成功確立了基本法所要求的、議員所應具備的政治和倫理標準。新華社發表評論文章，肯定裁決的重要價值在於，為香港社會明確了大是大非的原則和觀念，達到正本清源的作用，即絕不允許在香港從事任何分裂國家的活動，也絕不允許「港獨」分子進入特別行政區的政權機關。

這一年，「深港通」繼「滬港通」後開通，以可延伸性和可擴容性，為內地與香港股票市場互聯互通戰略奠立新的里程碑，兩地金融合作取得進一步突破。國務院正式批准《深港通實施方案》，中國證監會與香港證監會發出「深港通」聯合公告。證監會公佈《內地與香港股票市場交易互聯互通機制若干規定》：上海證券交易所、深圳證券交易所分別和香港聯合交易所建立技術連接，使內地和香港投資者可以通過當地證券公司或經紀商買賣規定範圍內的對方交易所上市的股票。從 2014 年實施的滬港股市互聯互通機制，到 2016 年實施的深港股市互聯互通機制，內地和香港攜手建立股市交易互聯互通機制，開創了一種全新的資本市場雙向開放模式，連結滬深港三地股市，本港和海外投資者可以直接買賣滬深 A 股，內地投資者則可以直接買賣港股。「深港通」、「滬港通」以及內地、香港兩地基金互認的安排，有利於投資者利用香港多元化的渠道投資內地，鞏固香港作為國際金融中心的地位。

這一年，香港樓價急速飆升，特區政府出手壓抑樓價，為樓市「辣上加辣」。一直以來，香港經濟過於依賴房地產業，近年新增土地供應短缺等問題更導致香港房地產價格持續暴漲。特區政府雖然在 2010 年至 2013 年連環推出樓市辣招，但樓價升勢未止。時任行政長官梁振英宣佈繼續「加辣」，政府將會修訂《印花稅條例》，除首置客及換樓客外，全面提高買賣住宅物業印花稅的稅率，無論交易價格，稅率將會劃一調高至交易額的 15%。該新稅率適用於所有個人或公司購買住宅物業的交易，但不適用於非住宅物業。對於 15%

稅率會否「太辣」，時任運輸及房屋局局長張炳良指，現行雙倍印花稅對近期樓價升勢的打擊力度不足，尤其是累進式稅率對細價樓調控有限，以致過去一段時間細面積單位成交與樓價升幅凌厲，因此政府決定採取針對性的措施。時任財政司司長曾俊華則表示，理解有人會擔心措施可能影響一些投資或者消費，甚至影響財富效應及整體經濟，但相信措施會對整體樓市成交有即時及顯着的冷卻作用。事實證明，有關「加辣」推出後，香港房地產市道的確轉趨淡靜。

這一年，全球第一家華語電視台亞洲電視停播，新發牌免費電視 ViuTV 啟播。亞視在愚人節午夜前落幕，以藍畫面結束其五十九年光影生涯，告別大氣電波，結束免費電視業務。曾經風靡一時的談話節目《龍門陣》《今夜不設防》，曾經膾炙人口的劇集《大地恩情》《我和春天有個約會》，有關亞視的一切，都註定成為幾代人塵封的集體回憶。時任商務及經濟發展局局長蘇錦樑發表聲明，感謝各方合作，令頻譜交接順利完成。他續稱，亞視服務香港五十九年，曾經製作不少經典電視節目。隨着新免費電視台投入服務，期望香港電視業更上一層樓。事實上，雖然網絡資訊發達，但免費電視頻道仍是最普及的大眾傳媒，依然牽動普羅大眾的神經。「亞視熄機」當晚，有逾百名市民把握最後數小時機會，趕往亞視位於大埔廠房合影留念，一度需排隊等待拍照。所謂「一雞死，一雞鳴」，作為本港首間因不獲續牌而停播的免費電視台，亞視黯然退出歷史舞台。新登場的 ViuTV 則大力催谷新台，以真人騷為主打節目，首輪播放的自製實況娛樂節目《跟住矛盾去旅行》成功引起網民熱議。

這一年，紙媒「寒冬」凜冽刺骨，寒風繼續吹，裁員潮和停刊潮一浪接一浪。全球報業面臨印刷廣告市場加速下滑的困境，部分出版商不得不考慮大幅削減成本，以及重整印刷和數碼產品佈局。美國的《華爾街日報》《紐約時報》，英國的《衛報》《每日郵報》，無不採取裁員行動。英國《獨立報》則發行最後一期紙本，轉型為網媒，以「熄燈」為題，為自己寫下訃告：「這是這份報紙的最後一期，但新聞永不停息……」。在香港，有十七年歷史的《太陽報》宣佈停刊。香港東方報業集團表示，鑒於近年香港營商環境轉差，董事會作出旗下報紙《太陽報》停刊的決定，集團將重整資源，致力強化其他業務的發展。這一年，停刊的香港紙媒還有：《Me!》、《Ketchup》、《HK Megazine》……年終，曾經是許多人青春回憶的一代潮流雜誌《TOUCH》，亦在出版最後一期紙本後，轉為只保留網上出版。時任總編輯為此深感惋惜，不禁回憶起紙媒的輝煌年代，感慨廣告漸趨轉向網媒，互聯網資訊氾濫，紙媒難逃慘遭淘汰的厄運。紙媒「寒冬」與網媒「初春」，成為彼時傳媒業的風向標。

這一年，書業慘淡經營，實體書店面臨「寒冬」，出現結業潮。二十年前進駐香港，曾一度有十間分店的大型書店 Page one（葉壹堂）全線結業。作為香港文化生活指標之一的 Page one，出人意料地走到了「最後一頁」（Last Page），令人不得不感慨發生在現實世界的結局竟然如此富有戲劇性。在科技改變行業結構的「創造性破壞」之下，實體書店遭遇「寒冬」，並非香港獨有事件。但大型書店在香港日漸消失，除了資訊大爆炸和閱讀碎片化的影響，以及網上書店擠壓實體書店的商業模式轉型之外，還與香港人的閱讀習慣有關。事實上，除了主打英文書刊和設計藝術類書籍的 Page One，這一年，還有不少二手書店和獨立書店捱不過「寒冬」，例如同樣以售賣設計、建築藝術類書籍為主的「書得起」，以及兼售美術用品的老牌書店「競成書店」等等。在灣仔天星碼頭，以售賣平價書為主的二手書店「書式生活」，亦不敵貴租關門大吉。更有不少隱藏在街頭巷尾的小書店，在閱讀需求大減與經營成本大增的雙重壓力下，無聲無息地消亡。為免書籍流落垃圾堆填區的命運，不少書店在結業前都大平賣，甚至免費贈書，令人無限唏噓。

這一年，大帽山結冰與迷你倉大火，上演冰火兩重天。「世紀寒潮」席捲全球，1 月 24 日，香港迎來半世紀一遇的嚴寒，市區氣溫低見 3℃，大帽山山頂更一度錄得零下低溫，成為本港近五十九年來最寒冷的一日。冰封大帽山，掀起島城賞霜追雪熱潮。大批市民為親歷奇境，無懼路面濕滑，冒着嚴寒登山，上山路段車水人龍為患。然而上山容易下山難，因保暖衣物不足，山路濕滑難行，百多名市民被困山上，需要消防員、民安隊、飛行服務隊等出動逾百人拯救被困者，其中六十四人送院。6 月 21 日，淘大工業村第一座時昌迷你倉發生四級火警。大火焚燒一百零八小時，超越 1970 年焚燒約七十二小時的葵涌盈豐酒房工業大廈五級大火，成為香港歷來工業大廈最長命火警。大火導致高級消防隊長張耀升和消防隊目許志傑殉職，十二名消防員受傷，另有多名附近居民及消防員不適送院。警方於大火救熄後進入大樓搜證，經初步調查所得，發現一部分體式冷氣機疑因漏電起火，火舌由走廊頂的通風位飄入倉庫，引發雜物燃燒並且蔓延，造成連環大火。事件令公眾關注迷你倉的監管問題，以及舊式工廈的消防安全問題。消防處等部門隨即對全港迷你倉進行巡查，向違規迷你倉發出消除火警危險通知書。

破局：快刀斬亂麻

2016 年，在熙來攘往的旺角街頭，本應喜慶歡聚的大年初一，卻爆發了一場騷亂，為新的一年開了一個絕對稱不上「好」的頭。從旺角騷亂到宣誓風波，在本土勢力的攪動下，這一年的香港，可謂紛亂如麻。所幸的是，從人大釋法到取消違法議員資格，正義之手快刀斬亂麻，為社會撥亂反正。

對於「亂」字當選年度漢字，陳勇坦言，回望 2016 年的香港，從街頭到立法會，亂象頻生，無論是議會還是社會，秩序都大受衝擊，這一年的確只能用「亂」字來形容。但圍繞立法會議員資格的人大釋法和法庭裁決，則為平息亂象帶來曙光。

「魚蛋革命」的變奏

大年初一的旺角黑夜，有暴徒在旺角多處縱火，用雜物阻塞彌敦道等主要道路，甚至撬起人行道上的磚塊襲擊警員。據媒體報道，當日至少有七百名暴徒參與，波及十四條街道，行人路被撬起的地磚不下二千塊。

暴動支持者對外宣稱此次暴動屬「魚蛋革命」，企圖以標籤化扭曲事實，抹黑香港的國際形象。但魚蛋小販卻無不申訴被暴亂者「抽水」，慘變激進勢力發難的藉口，堅決與暴亂行為割席。時任警務處處長盧偉聰指出，事件中有車輛運載物品予暴徒，不排除是有組織、有計劃的暴力事件。另有報道揭發，現場有人居高指揮，絕非「臨時起意」的烏合之眾，再加上事前的動員與事後的聲援，顯示這是極端本土派妖魔化警察、特區政府和北京當局的一場「陽謀」，妄圖將香港描繪成「水深火熱的人間地獄」。

旺角暴亂造成九十名警員及三十五名市民受傷，引起社會極大憤慨，嚴正執法成為社會主流聲音。翌年，涉案的其中三名被告暴動罪罪名成立，量刑入獄。主審法官重申暴力就是暴力，不會因為施暴者的任何目的而改變。對於正義終於得以彰顯，陳勇直指法治是香港賴以成功的基石，香港人絕不容忍反對派打着「本土、民主、公義」的旗號，以所謂「勇武抗爭」的暴力手段來破壞社會秩序。

社工出身的陳勇，對於青年問題尤為關注。他說，當年輕人看不到前景時，就會借一個焦點宣洩不滿情緒。年輕人一腔熱血，容易被無良政客煽動蠱惑而以身試法，最終成為鋃鐺入獄的「炮灰」，令人唏噓。但畢竟少不更事不能成為逃避刑責的藉口，香港社會對任何違法暴力衝擊都是零容忍的。他認為，香港和平已久，社會和政府對於年輕人有一種「浪子回頭」的包容，但必須小心過猶不及，因為一旦包容過頭，反而會讓一些人難以回頭。若一味容忍姑息暴力，只會愈鬧愈大，根本不可能換來和平。他續稱：一念天堂，一念地獄，面對害人、害己、害香港、害國家的「分離主義」，香港青年必須保持清醒、提高警惕，以免「一時逞英雄」，但撕毀了通往錦繡前程的「車票」，還淪為陷入鐵窗生涯的「階下囚」。

宣誓風波的鬧劇

新一屆立法會議員宣誓就職，本應神聖莊嚴的場合，卻意外上演了議會有史以來最不堪的一幕。當日共有 15 名攬炒派議員，或在宣讀誓詞前後擅自夾帶私貨，或以不同道具、形式等表達所謂的政治理念與訴求。其中，新晉本土派候任議員尤為出位，梁頌恆、游蕙禎及姚松炎三人刻意篡改誓詞，宣誓無效，羅冠聰、劉小麗等人則以惡劣手法完成宣誓。對此，時任行政長官梁振英強調，要成為立法會議員，一定要有擁護基本法和效忠香港特區的承擔，不是言詞閃縮或左閃右避便可。

宣誓期間，梁頌恆和游蕙禎展示「HONG KONG IS NOT CHINA」標語，將「CHINA」讀成帶有辱國性質的「Chi-na」，梁頌恆還先宣讀了一段效忠「Hong Kong Nation」的內容。姚松炎第一次宣誓修改誓詞，其後在警告下按誓詞宣讀，隨即又讀出加料內容。時任立法會秘書長陳維安因此拒絕為三人監誓。其後，未完成宣誓的三人被拒參與首次會議及主席選舉，引發會場內外混亂。大吵大鬧、推撞保安、包圍秘書長、「佔領」主席台等戲碼輪番上演，首日大會在一片叫囂聲中結束。

圍繞第二次宣誓，衝突與混亂一而再、再而三地在議事廳重演。先是梁頌恆和游蕙禎在攬炒派議員的護送下進入會議廳並拒絕離開，立法會主席梁君彥以混亂為由宣佈休會。再有梁、游二人闖入會議廳，自編自導自演二度「宣誓」，致使會議兩度暫停。及後兩人再大鬧立法會，聯同數名助理試圖硬闖會議廳。混亂中，六名保安不適送院，其中有女保安暈倒。梁君彥不得不以安全理由宣佈休會。

對於梁頌恆和游蕙禎的宣誓鬧劇，即使時隔八年，陳勇依然難消心頭怒火。他批評梁、游嘩眾取寵、口出狂言、數典忘祖，為博取個人曝光率無所不用其極，痛斥二人目空一切、無法無天的政治表演，完全是欺師滅祖的叛國行徑，令人為之不齒！他認為，宣誓風波的始作俑者，在宣誓時宣揚「港獨」，已經清楚表明他們並不擁護基本法，不承認香港是國家領土，而侮辱國家民族的「支那論」，更是蔑視國人情感，挑戰炎黃子孫的心理底線。他還進一步指出，香港是法治之區，政府有憲制責任，維護「一國兩制」和基本法，特區政府以法律途徑阻止故意違法、違規者成為立法會議員，再由法庭解決法律爭議，已是最好的做法。

翻看陳勇當年在《大公報》的評論文章《分裂惡行必受歷史審判》，迄今仍覺擲地有聲：對分離派政客而言，「支那」、「港獨」言論只是「博上位」的政治妄言。但對於本港抗日老戰士和上一輩市民，香港曾經歷的三年零八個月日佔苦難時期，被日軍肆意燒殺、擄掠、殘害的慘痛歷史，是一段永生難忘的痛苦記憶。作為候任議員，在宣誓時站在侵略者的立場，並使用日軍侮辱華人詞語，這種行為是絕對不可容忍的！分離派須自重自律，收起嬉皮笑臉，收回侮辱國家民族言論，還全球華人一個正式的道歉！奉勸其他泛民立法會議員亦不要再只見陣營而不分對錯，不要再包庇護短。我們深信，在民族大義、大是大非面前，全港市民和全球華人並無退讓的餘地，游蕙禎及梁頌恆更要為數典忘祖的言行，承受民眾的譴責與歷史的審判。

正義終將彰顯

因應宣誓風波，十二屆全國人大常委會第二十四次會議全票通過對香港基本法第 104 條的解釋，明確了依法宣誓的含義、要求與規範：宣誓人若拒絕宣誓即喪失就任公職資格，不會獲重新安排宣誓；宣揚「港獨」者不僅沒有參選及擔任立法會議員的資格，而且要被依法追究責任。

有見梁、游二人在人大釋法後仍無悔改之意，加之釋法後立法會仍有許多亂象未消，「反港獨撐釋法」大聯盟應運而生。大聯盟由前全國政協常委洪祖杭擔任召集人，並由陳勇、吳秋北等 27 人擔任副召集人。大聯盟在立法會外的添馬公園發起大型和平集會，支持人大迅速及果斷釋法撥亂反正，要求政府切實執行人大釋法，要求拒絕效忠基本法的議員自行辭職。來自香港逾千個團體、超過四萬人參加集會，表達香港市民堅決反對「港獨」、支持全國人大釋法的正義聲音。重新審視「問題議員」宣誓的合法性及有效性，撥亂反正，成為眾望所歸。

作為大聯盟副召集人和發言人的陳勇表示，梁、游二人在宣誓時的辱華言論及宣揚「港獨」行為，是不忠不仁不義。此次人大釋法，充分表明了中央貫徹「一國兩制」方針的堅定決心和反對「港獨」的堅定立場，並且具有正本清源的重要意義，釐清有關「港獨」的灰色地帶，有助立法會盡快恢復正常運作，讓香港盡快重回正軌。他稱，大聯盟的行動是反映市民意見，盡快切除「癌細胞」、「毒瘤」，可避免更大的病痛及危機，同時令正義能夠得以彰顯。此時此刻，再回望那樣一段跌宕起伏的往事，陳勇仍然難以平復心情。他以「漢奸」、「賣國賊」來形容那樣一群人，直言天理昭彰，邪不勝正，破壞者都逃不過喪失議員資格、棄保潛逃終被用完即棄，乃至身陷囹圄失去自由的法律和歷史審判！

勇者不懼

從2014年的「保普選反佔中」大聯盟，到2016年的「反港獨撐釋法」大聯盟，再到2019年的「守護香港」大聯盟，以至2020年的「香港再出發」大聯盟，總有陳勇忙碌的身影。作為十年間不同大聯盟的核心領袖之一，陳勇人如其名，在民族大義、大是大非面前，總是心頭掛着一個「勇」字，鐵肩擔道義，勇往直前，勇者形象深入民心。他說，無論是反「佔中」、反「港獨」、反辱華，還是保普選、撐釋法、保和平，危難關頭總要有人挺身而出。

作為新界社團聯會（新社聯）的會長，陳勇表示，新社聯擁有深厚的紅色基因，許多前輩源自中國共產黨領導的抗日游擊隊東江縱隊港九獨立大隊，現有會員也有不少是抗日遊擊隊員的後代或學生。在抵御外侮的三年零八個月期間，是東江縱隊港九獨立大隊的熱血青年拯救香港於水火之中。因此，新社聯一直以宣傳抗戰歷史、保育抗戰遺跡、推廣愛國教育為己任，致力將保家衛國的薪火傳承下去。2019年修例風波中，陳勇坦言面對前所未有的巨大壓力，但只要一想到抗日前輩連打鬼子都不怕，就了然根本沒有甚麼可怕的了。他與一眾愛國愛港人士兩度發起數十萬人參與的反暴力救香港集會，在黑色風暴的漩渦中，將希望的火苗傳遞下去。對於黑暴在各區辦事處的瘋狂破壞行為，陳勇也早有對策。他將所有辦事處的重要設備分發給各人帶回家分頭保管，並叮嚀同事和義工千萬保護好自己及家人。他半開玩笑地說，當時已經做好效法抗日，與黑暴打游擊的準備了。回首那些年與攬炒派鬥爭的激蕩歲月，陳勇稱，背靠祖國、守護香港便是他無畏無懼的底氣與初心。只有不忘初心，才能夠在大浪淘沙中做到任他東南西北風，咬定青山不放鬆。

知者不惑

有見某些香港青年在本土主義風潮下誤入迷途，陳勇在心痛之餘，亦有感青年問題與國民教育缺位不無關係。出生於中國八大古都之一（北宋都城東京汴梁）開封的他，自幼便喜歡讀歷史、看名人傳記，身上似乎與生俱來帶有厚重的歷史感。反觀「港獨」鬧劇，陳勇的看法可謂一針見血：香港自古便是中國領土，涉及到領土主權問題，既沒有退路，也沒有討價還價的空間。如果有人想在香港搞「港獨」，並且想要付諸行動，只需要去讀一讀中國歷史，看一看不同時代漢奸的下場，就自然會明白。他強調必須知道底線在哪裡，主張年輕人應該要多讀歷史，通過歷史文化來認識國家和世界，提升個人的思想、境界與格局。他說：究竟是做頂天立地的中國人，還是淪為西方的傀儡和附庸？答案不言自明。

對於讀史明智，陳勇自有一套見解：學習自己國家的歷史，能夠更好地了解「我是誰？我從哪裡來？我到哪裡去？」。中華民族擁有五千多年的文明史，中國曾是世界上最先進、最文明、最強大的國家，也是歷史長河中最長時間位列世界第一的國家。中國擁有如此豐富的歷史，在世界上都是偉大的。因此學習中國歷史，不僅可以提升民族自豪感，而且對個人成長大有裨益。正如「以史為鏡，可以知興替」，歷史是真實案例的紀錄，以史為鑒，從歷史上許多人、事、物的成敗得失學習經驗、總結教訓、少走彎路，也是古今中外領袖都熟讀歷史的原因之一。更重要的是，歷史是「己身所從出」的地方，是祖先為今人打出的根基，正所謂飲水要思源，做人更不可以忘本，認祖歸宗才是正途。

變與不變

民建聯創立的第二年，年僅二十三歲的陳勇便已加入。他的會員號碼是四三一，屬於民建聯最早招收的一批會員。回想與民建聯的淵源，自然繞不過大學時代的那段經歷。1992 年，香港城市大學學生團體經常舉辦民主沙龍及論壇，邀請立法局議員演講。當時不少學生領袖都去接待李柱銘、劉慧卿等民主派派員，而陳勇則剛好負責接待譚耀宗——當時唯一一位根正苗紅、愛國愛港的立法局議員。在頻繁的交往中，陳勇為譚耀宗的人格魅力所吸引，更為其愛國愛港理念所感染。1993 年，譚耀宗邀請他和多位大學生加入民建聯，於是一切便水到渠成。

1999 年，在香港回歸後的首次區議會選舉中，時任社區幹事的陳勇主動請纓出戰葵芳選區。當時，陳勇的競選對手是立法會與區議會雙料議員梁耀忠，無論從名氣地位還是社會資源上比，二人都有着天壤之別。但陳勇硬是憑着「初生牛犢不怕虎」的魄力，有勇有謀挑戰到底，雖敗猶榮。他還別出心裁地採取土法追擊，戴上地盤工人頭盔遊走屋邨，用大聲公向在地選民講解社區工作和傳遞民生消息，儼如社區「電台」，後來成為民建聯地區工作的一種模式。

十五歲移民香港的陳勇，曾有過一家六口蝸居在一百呎臨時房屋的艱難歲月。他的成長經歷促使他想要去幫助身邊與他有同樣遭遇的人。於是，修讀社工成了他的專業選擇。大學時期，他發現民建聯的理念正好契合自己做社工的初心，於是職業生涯規劃與政治理想抱負合二為一。三十年過去，昔日初出茅廬的大學生早已實現了華麗蛻變。從新移民到老香港，從士兵到將軍，身兼港區全國人大代表召集人、香港立法會議員、民建聯副主席、新社聯會長等公職⋯⋯陳勇變了，責任更重，力量更大，卻也沒變，「真誠為香港」初心不改，始終如一。

2016 特區政府施政十件大事

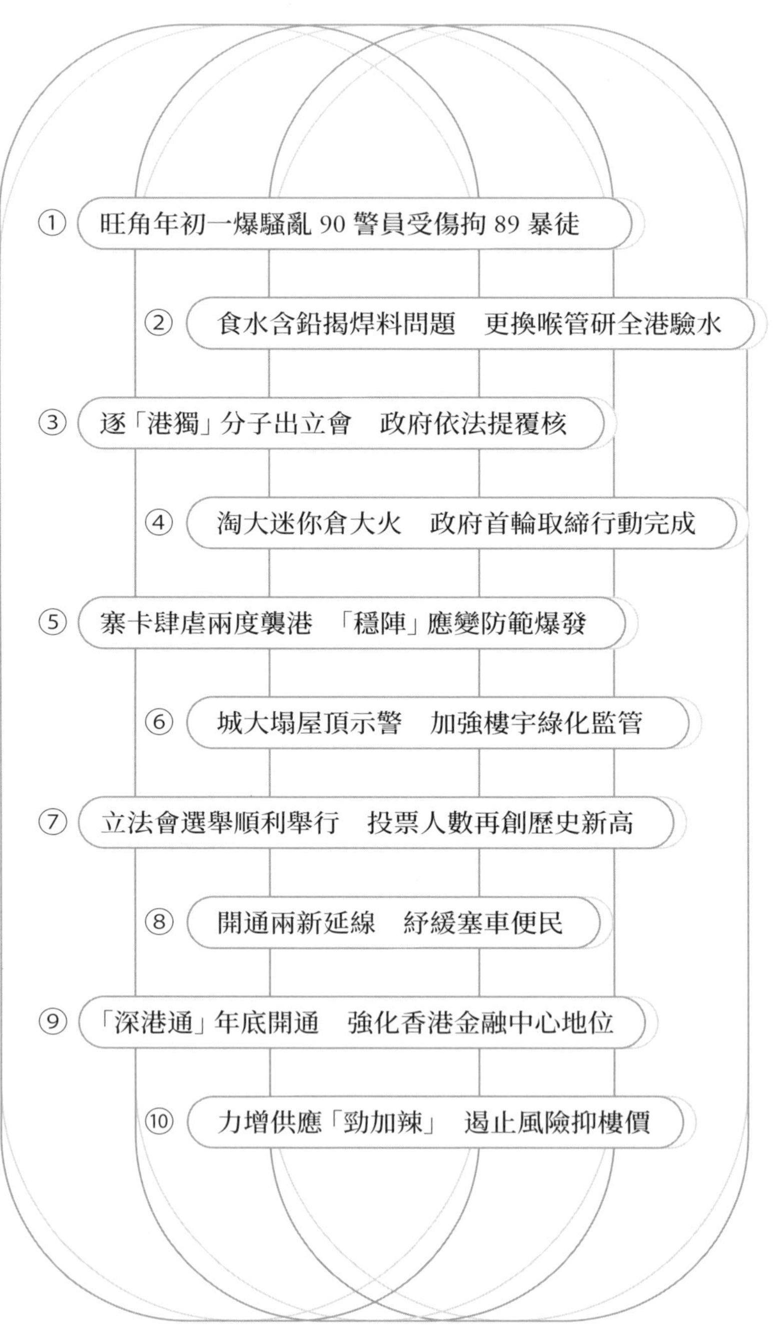

2016 香港商界最關注的十件大事

① 深港通年底正式開通

② 人大釋法遏制「港獨」　高院裁定梁游失議席

③ 特朗普勝希拉里　當選美國總統

④ 初一旺角暴亂　全城同聲譴責

⑤ 梁振英「一帶一路」施政報告

⑥ 英國公投脫歐　英鎊急跌

⑦ 港府加辣　印花稅增至 15%

⑧ 人民幣加入 SDR 邁向國際化

⑨ 香港 IPO 全球稱霸　郵儲銀行成集資王

⑩ 美元強勢　人民幣承壓

香港·2017

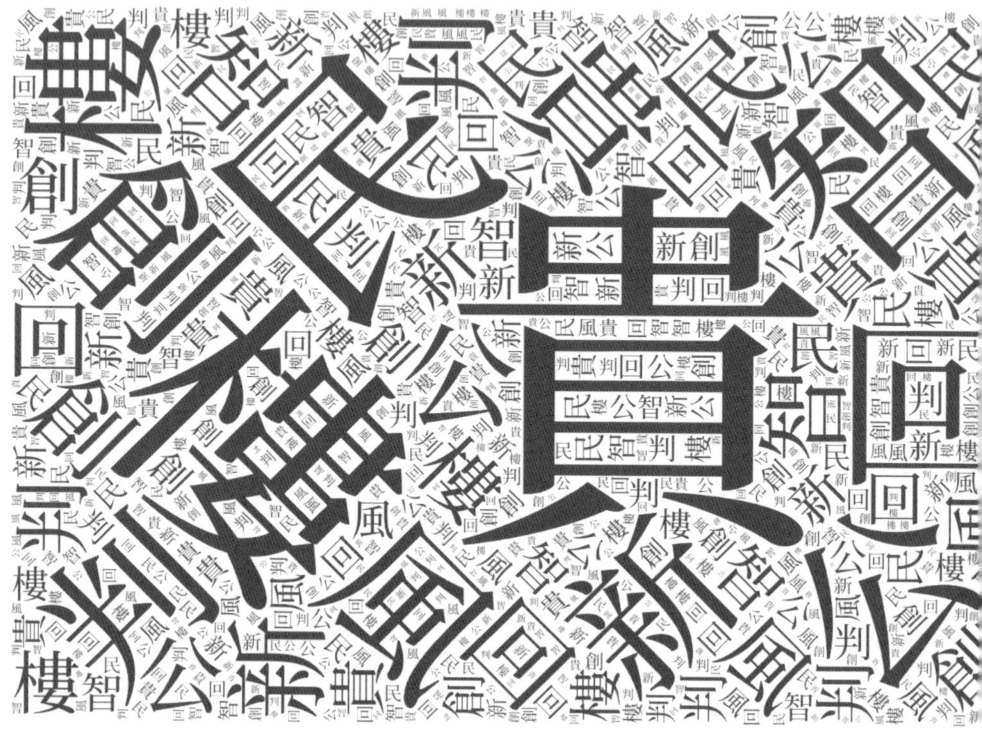

貴 guì ㄍㄨㄟˋ 居胃切，去，未韻，見。物解。

㊀ 價高。左傳 昭三年：「國之諸市，屨賤踊貴。」㊁ 位尊。易 繫辭上：「卑高以陳，貴賤位矣。」㊂ 重要。論語 學而：「禮之用，和為貴。」㊃ 重視。禮 中庸：「去讒遠色，賤貨而貴德。」國語 晉七：「且夫戎狄荐處，貴貨而易土。」……

（《辭源》）

民建聯舉辦第五屆「香港年度漢字」評選，「貴」字當選 2017 年「香港年度漢字」。

時任民建聯副主席、立法會議員張國鈞介紹，「貴」字在漢字的原意中，是指古人敬拜孕育萬物的泥土，因此甲骨文的「貴」字，原本是由一雙手抓住泥土而構成，至金文時，將最下面的「土」寫成「貝」，強調土地的「價值」，最後逐漸演變成今天的「貴」字。

根據《說文解字》，「貴，物不賤也」。「貴」與「賤」是相對的。張國鈞認為，「貴」字高票當選「年度漢字」，正好反映市民對物價飆升的切膚之痛：過去一年百物騰貴，現時吃一個普通的午餐，動輒就是五、六十元，交通費的升幅同樣驚人，至於樓價租金，更不用多說了。他透露，民建聯對明年初發表的財政預算案，提出了多達一百四十項建議，希望政府能善用盈餘，讓廣大市民分享經濟成果。

評委之一的高志森導演則指，「貴」不單只形容物價，議會的時間也是十分寶「貴」的，希望新一年社會氣氛能逐步改善，香港未來的路可以更順暢。

2017 候選年度漢字

昂貴、太貴，
指物品價格處於高水平，難以負擔。

香港樓價屢創新高，租金貴、交通費貴、食物價格攀升，衣食住行樣樣貴，市民生活負擔百上加斤。

樓房、樓層，
指建築物的上層部分，人民安居之所。

人人希望早日「上車」買樓，實現擁有一個安樂窩的願望。

以民為本、民生，以勞動群眾為主體的社會基本成員。

政府施政以民為本，竭力解決房屋問題，並增加福利，照顧老幼，加強扶貧工作。

智力、才智，
聰明、有見識、有遠見，考慮問題周到。

社會矛盾尖銳複雜，需要智者引領香港走出困局，更需要港人發揮集體智慧，和衷共濟。

公開、公正，
讓大家知道，宣告天下之意。

公平、公開、公正，依法辦事，是香港的核心價值，必須堅決捍衛。

2017 候選年度漢字

創新、開創，
創，始也。開始實行，建立之意。

行政長官林鄭月娥發表任內首份施政報告，全方位推動創科發展，為經濟注入新動力，改善市民生活。

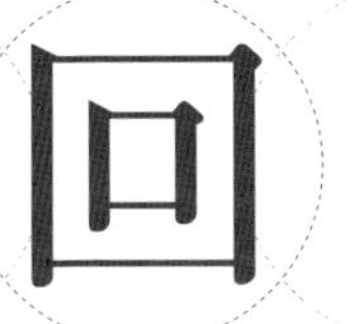

回歸、回家，
重新團聚，重歸一體。

今年是香港回歸祖國 20 週年，在國家大力支持下，香港市民勤奮不懈，為熱愛的城市打拼，「一國兩制」在香港成功落實。

更新、新舊，
相對舊的狀態和性質。

7 月 1 日，新一屆政府就職。新任行政長官林鄭月娥強調新政府將以新的施政理念帶領香港繼續前進。

判決、裁判，
判，區別、分辨、斷定之意。

法治是香港的核心價值，違法者最終會受到法律制裁。今年除了多人被 DQ，還有不少與非法佔中及擾亂公眾秩序的相關案件審結判決。

風暴、颱風，
大規模、具破壞性的空氣流動。

2017 年是「風之年」。今年八號或以上的颱風「連中四元」，當中「天鴿」更帶來十號波，強颱風「卡努」十月襲港，天文台再次發八號風球。

百物騰貴

2017，香港這一年

2017 年的香港，適逢回歸祖國二十週年，國家主席習近平七一訪港，為新一屆特區政府管治揭開序幕。這一年，股市與樓市齊升，市道暢旺，在在彰顯着「東方之珠」的經濟繁榮，卻也預示着百物騰貴的生活壓力。與此同時，特首選戰與若干重磅法庭裁決無不牽動着社會的神經。

這一年，在特首換屆選舉中，林鄭月娥成功當選新一屆行政長官，香港自此誕生首位女特首。是次行政長官選舉選情激烈，前政務司司長林鄭月娥和前財政司司長曾俊華兩大前政府高官對決，退休法官胡國興作為第三位候選人參與選戰，前保安局局長、新民黨主席葉劉淑儀則因未達提名門檻宣佈退選。曾經處理重置皇后碼頭、馬頭圍道唐樓倒塌事件等爭議性事件，號稱「好打得」的林鄭月娥，在宣佈參選時表示：「近年，香港時有紛爭，社會發展舉步維艱，但我並不灰心，因為我熱愛這個城市，關心七百多萬人的福祉，並盼望與你們攜手努力，讓東方之珠再顯光芒」，承諾與廣大市民同行，發展經濟，改善民生，誠邀青年議政論政參政，為下一代重燃希望。在造勢大會上，她提出覓地建屋、發展多元經濟、全面檢視教育制度等施政框架五大重點，並獲五十位社會知名人士助選。「兩會」期間，全國人大委員長張德江和國務院港澳辦主任王光亞重申，愛國愛港、中央信任、有管治能力、港人擁護是特首人選的四大標準。經過投票，林鄭月娥取得 777 票，以接近七成的得票率擊敗競選對手曾俊華和胡國興，成功當選香港特區第五任行政長官。出身寒微，從社會底層一路向上游的林鄭月娥，書寫香港第一位女特首的奮鬥故事，也成為獅子山下努力拼搏的勵志寫照。

這一年，在香港回歸祖國二十週年之際，國家主席習近平以「香港發展一直牽動着我的心」的深情話語，開啟為期三天的香港之行。期間，出席慶祝香港回歸祖國二十週年大會暨香港特別行政區第五屆政府就職典禮，為特區第五任行政長官林鄭月娥和第五屆政府主要官員宣誓就職監誓，寄語新一屆特區政府「要有強烈的歷史使命感和時代責任感，嚴格依法履行職責，提高工作水平，盡心盡力服務市民大眾，交出一份無愧於國家、無愧於香港、無愧於自己的亮麗成績單」。四十九小時、二十場活動，習主席足跡遍及港島、九龍、新界，同香港各界人士廣泛接觸、深入交流，為表達祝福而來，為體現支持而來，為謀劃明天而來，為「一國兩制」在香港的實踐行穩致遠指引航向。在西九文化區，他考察香港文化藝術發展，並見證了西九文化區管理局與故宮博物院簽署《興建香港故宮文化博物館合作協議》。在香港少年警訊永久活動中心，他看望正在參加訓練的香港青少年，寄語「選擇正確的道路，將來服務社會，報效香港，報效祖國」。在歡迎宴會上，他發表熱情洋溢的講話，表示「我要為香港同胞點讚！為所有作出貢獻的社會各界人士點讚！香港同胞一直積極參與國家改革開放和現代化建設，作出了重大貢獻。對此，中央政府和全國人民從未忘記。」他強調，「只要我們相信自己、相信香港、相信國家……聚精會神搞建設，一心一意謀發展，齊心協力、團結奮鬥，就一定能夠開創香港更加美好的明天。」

這一年，在習近平主席的見證下，《深化粵港澳合作 推進大灣區建設框架協議》正式簽署，備受期待的粵港澳大灣區建設邁出實質一步。粵港澳大灣區城市群包括香港、澳門兩個特別行政區，以及廣州、深圳、珠海、佛山、惠州、東莞、中山、江門和肇慶九市。《框架協議》提出以全面準確貫徹「一國兩制」方針，完善創新合作機制，建立互利共贏合作關係，共同推進粵港澳大灣區建設為合作宗旨，確立在大灣區建設中的合作重點領域，包括推進基礎設施互聯互通、進一步提升市場一體化水平、打造國際科技創新中心、構建協同發展現代產業體系、共建宜居宜業宜遊的優質生活圈、培育國際合作新優勢，以及支持重大合作平台建設，標誌着大灣區發展規劃取得重要階段性成果。根據《框架協議》，香港的主要發展目標包括鞏固和提升香港國際金融、航運、貿易三大中心地位，強化全球離岸人民幣業務樞紐地位和國際資產管理中心功能，推動專業服務和創新及科技事業發展，建設亞太區國際法律及解決爭議服務中心。同年，時任國家總理李克強在政府工作報告中明確提出，要推動內地與港澳深化合作，研究制定粵港澳大灣區城市群發展規劃，發揮港澳獨特優勢，提升在國家經濟發展和對外開放中的地位與功能。粵港澳大灣區規劃將香港的發展納入國家的規劃之中，由國家統籌加快香港與珠三角的互利共贏合作，為香港發揮所長、配合國家所需，創造空間並且提供機遇。

這一年，正值香港特區基本法施行二十週年，香港法院的若干重大判決，令法治精神得以彰顯。其一，香港高等法院上訴庭裁定，將原審「參與非法集會」、「煽惑他人參與非法集會」罪名成立的「雙學三子」黃之鋒、羅冠聰及周永康，改判入獄監禁六至八個月。三人曾在「佔領」運動中發起衝擊及佔據政府總部東翼前地，在原審時僅獲輕判社會服務令及緩刑，律政司不服判刑過輕，提出刑期覆核，終於上訴得直。判詞指，原審裁判官犯原則性錯誤，完全沒有考慮判刑要具阻嚇力。被告三人事發時是學生領袖，對學生有一定影響力，煽惑學生一同犯法是極不負責任行為，必須加重罪責。判詞又指，香港社會近年瀰漫一股歪風，鼓吹「違法達義」，公然蔑視法律，部分年輕人違法後不但拒絕認錯，更視之為光榮及自豪的行為。上訴庭認為只有嚴厲判刑以阻嚇同類罪行，方可維護法治尊嚴，否則法律保障市民的權力和自由將蕩然無存。其二，香港終審法院作出裁決，駁回梁頌恆和游蕙禎宣誓案上訴申請，對人大釋法的效力和權威性作出了確認，拒絕給予二人終審上訴許可，宣告梁、游二人的上訴程序正式止步，再無翻盤機會。有關案件在香港高等法院和終審法院陸續作出判決和終局裁定，標誌着特區政府法治實踐的社會氛圍正在發生良性改變，作為香港核心價值之一的法治得以捍衛。

這一年，高等法院裁定梁國雄、劉小麗、羅冠聰及姚松炎四人去年於立法會宣誓無效，即時喪失立法會議員資格，並由宣誓日起生效。法庭頒佈長逾一百一十頁判詞，指全國人大常委會的釋法對宣誓有明確規範，包括必須真誠莊嚴等，重申釋法對香港法院具有約束力。諸如梁國雄誇張行為超出莊嚴、合理範圍，劉小麗故意慢讀顯示無意履行誓言所訂責任，羅冠聰加開場白變聲調，以及姚松炎在第二次宣誓時為誓詞加入額外字句，均違反「嚴格形式和內容規定」，宣誓行為明顯「不莊重」。法庭並不認同各被告指本案是針對性令某些人失去議員資格，具有政治動機。判詞強調是根據案中宣誓人當日的行為、態度、言詞內容，以常理、客觀分析已發生的事實，最後裁定四人行為刻意違反立法會宣誓要求，由宣誓當日起即喪失議員資格。法庭還裁定四人需支付逾千萬訟費，並頒下禁制令，禁止四人再以議員身份或自稱仍擁有立法會議員身份行事。立法會即日下「逐客令」，要求四人須在兩週內清走立法會內個人物品，並表示將追討巨額款項，包括已發放的議員薪金與津貼等。此次取消四人議員資格，令反對派首次在立法會直選議席中失去過半數的否決權，引發政壇連鎖效應，改變建制派與反對派實力對比。而民間對 DQ 事件的反對聲音亦十分微弱，顯示民意不支持宣誓「玩嘢」搞事的幼稚行為。

這一年，圍繞修改立法會議事規則的攻防戰以建制派的勝利作結，面對「拉布」不再束手無策。反對派議員以大量瑣碎修訂、休會、中止辯論及不停點算法定人數等「拉布」行為癱瘓立法會，四年來浪費逾四百五十小時及大量公帑，導致許多有利經濟民生的法案、撥款及工程項目無法通過，整個社會為此付出沉重代價。修改議事規則，終止「拉布」，令立法會回復正常運作，成為主流民意。建制派因此提出修訂，主要包括立法會全體委員會會議法定人數由全體議員一半下調至二十人；除與撥款法案有關外，其他二讀法案在負責議員發言後就須交付內務委員會處理；議員若要無經預告動議新聞界及公眾人士離場，須獲立法會主席或相關委員會主席同意；對瑣屑無聊或無意義的修正案或動議，立法會主席可不予接納；主席可命令於任何時間恢復會議或召開會議等，從而有效杜絕無止境的「拉布」。反對派議員則繼續在開會時搞事，變相拖延時間，試圖阻擾議案討論。在聖誕休會前，建制派提出的修訂全部獲得通過，民主派的修訂則遭否決。自此撥亂反正，香港市民無需再為常態化的「拉布」集體買單。

這一年，香港財運亨通，股市與樓市同創新高。股市方面，受惠環球經濟漸入佳境及北水持續南下帶動，恒生指數全年飆 7918 點，累計升幅逾三成，收報 29919 點，觸碰三萬點大關，為 2009 年以來最佳成績，升幅冠絕亞太區，更跑贏美股歐股。「滬港通」和「深港通」成交額均創新高，「滬港通」三週年和「深港通」一週年之際，流入港股的內地資金分別達 6777 億港元和 975 億港元，南下資金單日分別錄得最高 156 億及 65 億元，內地資金為港股帶來充足動力。樓市方面，地價屢創新高，全年總共誕生七幅百億地王。香港的樓價由年頭升到年尾，樓價指數不斷刷新歷史高位，全年累升一成三，連升十九個月，處於回歸後最長升浪。新盤暢旺，荃灣西全 ・ 城滙打破回歸以來新盤最高紀錄，一手銷售金額破 2200 億創新高。與此同時，公營房屋用地告急，公屋輪候冊平均要等四年以上，小市民上車難上加難。實用面積 200 呎以下的「納米樓」成為樓盤新趨勢，接近三分之一新落成樓盤為面積 431 呎以下的 A 類單位，佔總數兩成半，為 2012 年的兩倍。某旺角新樓盤單位面積只有 157 呎，售價竟高達三百萬，呎價直逼豪宅。為解決上樓難，林鄭月娥在任內首份施政報告中提出港人首置上車盤計劃，將在不影響公屋供應的前提下，為中產家庭提供首置上車優惠政策。首置盤的土地主要來自私人發展商擁有或政府購買的土地，對象是居港滿七年、從未在港置業的人士，入息限額的下限為居屋入息的上限，而上限則定於居屋上限的三成。

這一年，香港意外頻生，血光不斷。年初，港鐵發生有史以來最恐怖的縱火襲擊案，造成十八人受傷，其中三人命危。事發正值下班繁忙時段，一名有精神問題的六旬無業漢，在由金鐘駛向尖沙咀的列車上自焚，並向乘客淋天拿水，企圖「一鑊熟」。一時間，車廂爆出火球，濃煙瀰漫，多名乘客慘變火人，被燒得皮開肉綻，留下永不磨滅的肉體傷痕和心靈陰影。不到一個月，旺角朗豪坊發生恐怖扶手梯意外，造成十八人受傷，其中一名男子穿頭重創。商場內由四樓直通八樓的「通天梯」，在上行至中段時突然逆向下行，近百人群頓失平衡，人疊人如骨牌滾落，一眾乘客浴血，驚呼狂叫，險象環生，令人心有餘悸。時隔半年，交通噩運再臨，深水埗發生罕見恐怖巴士車禍，釀成三死三十傷慘劇。一輛雙層城巴傍晚駛至長沙灣道近欽州街交界時，疑因閃避的士失控，剷上行人路沖向人群，四人慘遭卷入車底浴血被困，巴士上層亦撞及大廈騎樓底石屎簷篷，削去部分車頂，四名上層乘客被困，其中一名女子當場慘死。其餘傷者近半重傷，肇事城巴車長涉嫌危險駕駛導致他人死亡被捕。

求解：樓**貴**不易居

2017 年，股市與樓市比翼齊飛，香港經濟一片繁榮。地價與樓價互為驅動，無論是商業物業，還是公屋居屋私人屋苑，甚至是車位，從租金到地價、樓價，無不水漲船高。全年誕生七幅百億地王，為香港歷年之最。一手樓銷售總額創歷史新高，反映二手樓樓價走勢的中原城市領先指數破歷史紀錄，超級豪宅亦頻現破頂價。

對於「貴」字高票當選「年度漢字」，陳學鋒直言 2017 年衣食住行百物騰貴，的確只能用「貴」字來形容。他指出，股樓市道暢旺無疑令股民和業主荷包膨脹，但同時亦造成物價飆升，增加普羅大眾的生活成本和財務壓力，變成一種矛盾的「開心的煩惱」。

百億地王輪番登場

2017 年，香港市場出現多宗矚目土地交易，地王紀錄於年內不斷被刷新，一再破頂。論地價之瘋狂程度，恐怕要用「沒有最高，只有更高」來形容。全年累計誕生七幅百億地王，其中包括鴨脷洲利南道、長沙灣興華街西、美利道商業地和啟德商業地等四幅官地，以及市建局中環嘉咸道、港鐵黃竹坑站等「一鐵一局」項目三幅用地。

樓價自 2016 年 4 月重展升勢，地價隨樓價飛升，發展商投地意慾空前高漲，為爭「叮噹馬頭」，甚至不惜以「天價」競投。恒基地產以逾 232 億投得中區美利道商業地，創下當時全港最貴地皮紀錄，但不足一個月，旋即被南豐集團以逾 246 億投得的啟德商業地所改寫。但美利道商業地憑藉每呎樓面地價超過五萬元，仍然居於全港樓面每呎地價之首。長沙灣地王亦接踵而至，三幅商業地的每呎樓面地價一直企穩在七千元以上水平。

此外，雅居樂集團投得的大嶼山長沙，以每呎樓面地價 19667 元登上離島每呎樓面地價王座；信和置業投得的沙田馬鞍山白石，以每呎樓面地價 11588 元創下馬鞍山每呎樓面地價新高；新鴻基地產投得的長沙灣興華街西酒店地，以逾 50 億成交價創歷來純酒店地總價新高，其每呎樓面地價 13520 元，亦為純酒店地每呎樓面地價歷來新高。

住宅樓價狂飆突進

2017 年，本港樓市突破升軌，不斷再創新高。港股一度衝擊三萬點大關，儼如火上澆油，令樓市更加熾熱。無論是一手樓還是二手樓，均獲得不少追捧。一方面，在高成數按揭及各式優惠付款方法的刺激下，新盤大旺，本港全年一手樓銷售金額突破 2200 億，創歷史新高，各大發展商賺得盆滿缽滿。另一方面，反映二手樓樓價走勢的中原城市領先指數，於年底升至 164.46，到達歷史最高位，本港全年樓價累升 13.6%。

樓價指數和租金指數全年氣勢如虹，幾乎由年頭升到年尾。中小型單位成為升市火車頭，細單位成交金額大幅跑贏其他戶型，連升十九個月，累計升幅高達 26.7%。整體私人住宅租金指數亦不遑多讓，愈升愈有，同樣主要由中小型單位帶動。

樓市暢旺，不僅私人屋苑銷情受惠，公屋和居屋樓價也競相破頂。大圍顯徑邨成功造王，在公屋市場首度升穿五百萬水平，並且包辦全港公屋王造價排名榜三甲。藍田德田邨以 15890 元創下自由市場公屋最高呎價紀錄，深水埗李鄭屋邨則率先在綠表市場首度升穿公屋呎價九千元水平。居屋造價有媲美豪宅之勢，大角咀富榮花園錄得逾 880 萬自由市場成交，榮登全港居屋王，鰂魚涌康山花園則以 16613 元創下居屋自由市場最高呎價紀錄。

樓價升勢驚人，超級豪宅亦頻現破頂價，亞洲樓王之位如走馬燈般轉換。恒地西半山天匯頂層 46 樓 B 室樓王天池大宅以逾 5.21 億連 3 個車位售出，實用呎價達十萬五千元，破全港分層住宅呎價紀錄，更一度重奪亞洲分層呎價樓王寶座。不料相隔兩月，寶座便要易主，九龍倉及南豐合作以 11.64 億元出售山頂 MOUNT NICHOLSON 第三期 12 樓 C 及 D 室，實用呎價高達十三萬二千元，榮登亞洲分層住宅最貴呎價新樓王。

商業物業與車位水漲船高

2017 年，本港商業物業好景，價量齊升，屢現百億大手筆買賣。中環中心以逾四百億天價易手，成為本港歷史上最大宗物業交易，榮膺商業樓王。中環中心頂層單位以股權轉讓形式易手，成交價 7.38 億元，呎價高達 55854 元，創造全港商廈最高呎價紀錄。領展則以二百三十億出售旗下十七個商場物業，成為領展歷來最大宗交易。

「磚頭」升值快，「無磚」的車位亦水漲船高，造價首度升穿五百萬元。西營盤維港峰一個車位以 518 萬元沽出，打破全港車位造價紀錄。不僅貴過同期的公屋樓王，而且足以購置沙田第一城兩房單位。在當年十大車位造價排名榜上，大半屬於新盤或半新盤的車位，九龍天璽、沙田玖瓏山等均榜上有名，分別榮登九龍、新界最貴住宅車位。

香港居大不易

香港文壇教父劉以鬯曾經創作小說《香港居》，以寫稿為生的「我」為敘述者，講述上世紀六十年代找屋、租屋和搬屋的香港故事，呈現業主、二房東與三房客的人際關係，藉香港居住書寫，道出「香港地，不易居」的社會問題。他在小說開篇即以諷刺手法點題：「香港人口稠密，最珍貴的東西，不是愛情，而是地產。」

所謂「衣食住行」，住屋是人類的基本需要，在香港卻屬老大難問題。香港樓價高企，升斗小民難以負擔瘋狂的樓價，輪候公屋又要大排長龍，以致「納米樓」、劏房等怪現象層出不窮。2017 年，劏房更進化為共居，即宿舍或床位的模式。以南區豪宅傲林軒的共居項目「迷你海洋站」為例，每個房間有私人浴室，底層設有公共區域，月租由八千五百元起。入住者除了大學生之外，竟然還有投資銀行家和銀行實習生，在在反映香港樓價之畸高。

面對熾熱樓市，特區政府連環出招，為樓市降溫。香港金融管理局將涉及多過一個按揭貸款借款人的按揭成數上限下調一成，以遏抑靠「父幹」上車；將主要收入來自香港以外地區借款人的「供款與入息比率」上限下調一成等，增加境外資金的按揭成本。此外，還收緊銀行對地產商的借貸上限，其中地價融資由五成降至四成，將建築成本融資由十成下調至八成，整體貸款上限由六成降至五成，務求約束發展商高成數按揭及以高槓桿貸款買地。

伴隨美聯儲宣佈啟動縮表進程，加之即將加息的預期，本港與供樓掛鈎的一個月拆息飆升，創金融海嘯後新高，市民按揭供樓的負擔逐漸增加。香港樓價高企是不爭的事實，截至 2017 年，更連續七年成為全球最難負擔樓價的城市之首，不啻港人悲歌。衡量住宅樓價負擔能力的比率，是以一個城市的樓價中位數除以家庭全年入息中位數計算，數值愈大，負擔能力愈差。有關數據顯示，香港家庭要十八年不吃不喝，才有可能籌夠錢置業，打工仔買樓變得非常吃力。樓價高、租金貴、上樓難，構成市民巨大的生活壓力，演化成嚴峻的民生問題。

土地供應不足、房屋嚴重短缺、公屋輪候時間長、基層市民擠住劏房、市民上樓難……對於日積月累的香港房屋問題，陳學鋒深有感觸。他認為，地價與樓價相互作用，在香港甚至創造「麪粉貴過麪包」的神話。與此同時，面對高地價和高樓價，打工仔的人工升幅卻總也追不上樓市升幅，變相跑輸樓價，單是供樓的首期已經令不少人望而卻步。一些年輕人感到上樓無望，因而心生怨氣，成為當時不可忽視的社會問題。他指出，「有瓦遮頭」是中國人根深蒂固的傳統觀念，安居樂業是廣大市民的期盼，優先解決基層市民居住環境惡劣問題，關注「無殼蝸牛」，應該成為社會治理的重要面向。

我有一個夢

在香港，樓價是全世界最貴的，人均居住面積卻是全世界最小的。伴隨着樓市的長期升浪，樓價愈來愈貴，居住面積卻愈來愈小，甚至是上樓無望，成為不少香港人的切膚之痛。

出身基層的陳學鋒，自幼一家五口住在西環青蓮臺的戰前唐樓，要與其他房客共用廚房、廁所，晚上還要「倒夜香」。所幸十歲入住公營房屋，居住環境得以大幅改善。正是因為有了安身之所，家中才逐漸有餘錢儲蓄，供書教學，產生了知識改變命運的連鎖反應。作為受社會福利制度眷顧的幸運兒，陳學鋒難忘居住環境欠佳的幼年經歷，更加深知改善房屋問題的迫切性與重要性，他從基層市民立場出發，決心為解決草根階層居住問題而全力以赴。

在擔任中西區區議員期間，陳學鋒已經關注區內的居住問題，曾經幫助孤兒寡母等弱勢群體成功上樓。2021 年，陳學鋒代表民建聯出戰香港島西選區，他以「革新現在，開拓未來」為參選口號，重點就房屋政策、醫療體系、發展藍圖和居住環境等四大範疇，制定革新政綱，誓言要為下一代建設更加宜居的香港。圍繞革新房屋政策，旨在減輕港人上樓負擔，陳學鋒特別提出三大目標：實現公屋申請「三年上樓」目標、告別劏房；重推「租者置其屋計劃」，給予公屋住戶置業機會；全數寬免港人首次買樓物業印花稅和按揭保險費。

晉身立法會之後，按照民建聯分工，熟悉香港房屋政策的陳學鋒負責備受關注的房屋問題。陳學鋒認為，香港的房屋問題十分複雜，涉及多方利益。由於房屋往往是一個家庭畢生的積蓄，從全副身家的角度看，保值和升值就顯得尤為重要，因此房屋政策必須杜絕使用激烈的處理手法，從而避免樓市大起大落。他主張平衡居住與資產的雙向需求，既不能破壞資產的保值，也要解決居住的問題。他還指出，雖然私人樓價及租金雖然從高位回落，但仍然脫離一般市民的負擔能力，本港房屋失衡的結構性問題根本未解決，為此，政府應掌握私樓用地的供應主導權。

今年，民建聯發表《租置計劃 2.0 政策倡議》。陳學鋒指，「租置 2.0」的意義即在於，通過政府重推公屋出售，重啟市民置業階梯，幫助基層家庭以較低代價擁有自己的物業，同時釋放現有公屋土地價值，紓緩政府財赤與加稅壓力。他說他一直有一個夢想，就是長期困擾香港的房屋問題能夠得以解決，市民可以安居樂業，真正獲得幸福感。

一世故園情

陳學鋒成長於愛國家庭，父母在傳統愛國學校漢華做校工，而他的小學與中學都是在漢華就讀。作為「紅二代」，在家庭的薰陶下，他自幼便對內地有着很深的情意結，總是以身為中國人而自豪，不僅拒絕申請俗稱 BNO 的英國國民（海外）護照，而且一直沒有改英文名。中學時代，擔任十一國慶持旗手的經歷，至今仍令他深感光榮。而參加井岡山體驗團的遊學經歷，則令他初次萌生了服務社區的念頭。

陳學鋒的故園情，大到對祖國，小到對香港，甚至細微到生於斯長於斯的港島中西區。2007 年，他參選區議會，奪得中西區堅摩選區議席。隨後連續兩屆順利連任，還擔任中西區區議會副主席，直至 2019 年落敗。修例風波無疑對市民投票的選擇造成巨大衝擊，在當時的社會氣氛下，陳學鋒心中了然選舉結果難以理想，最終雖然落敗，卻收獲了穩定增長的選票。他相信，政治環境帶來的影響並不代表市民看不見他的努力和付出。在社區服務多年，陳學鋒和街坊之間早已建立了無法割捨的感情。2021 年，陳學鋒在香港島西選區參選立法會，成功奪得議席。他與港島中西區的故事，也翻開了新的一頁。

在訪談中，陳學鋒憶及西環往事，仍然難掩關切之情。在他眼中，歷史悠久的西區，除了舊式風情的海味店舖、蜿蜒曲折的横街窄巷外，還有美不勝收的海濱風光。2017 年，「西環海濱計劃」開始陸續落成。時任中西區海濱工作小組主席的他，全程參與了西區副食品批發市場改建工程，推動四個碼頭變身四個不同主題的公共空間——「兒童天地」、「藝文空間」、「休憩園地」和「特色漁區」，見證「香港西大門」成為香港的新地標，讓西區重現昔日光芒。其實，當時曾經面對許多反對聲音，譬如要求海濱保持所謂「原汁原味」，不許加建欄杆或設施等等。然而事實證明，今日的海濱長廊已然成為市民假日休閒的好去處，有港版「天空之鏡」美譽的海傍段，更是成為潮人「打卡」熱點。對此，陳學鋒說：推動社會發展總會有人贊成、有人反對，自己會從長遠角度考慮，盡量減少矛盾，尋找共識，為整體社會的長遠利益而擇善固執。

2017 特區政府施政十件大事

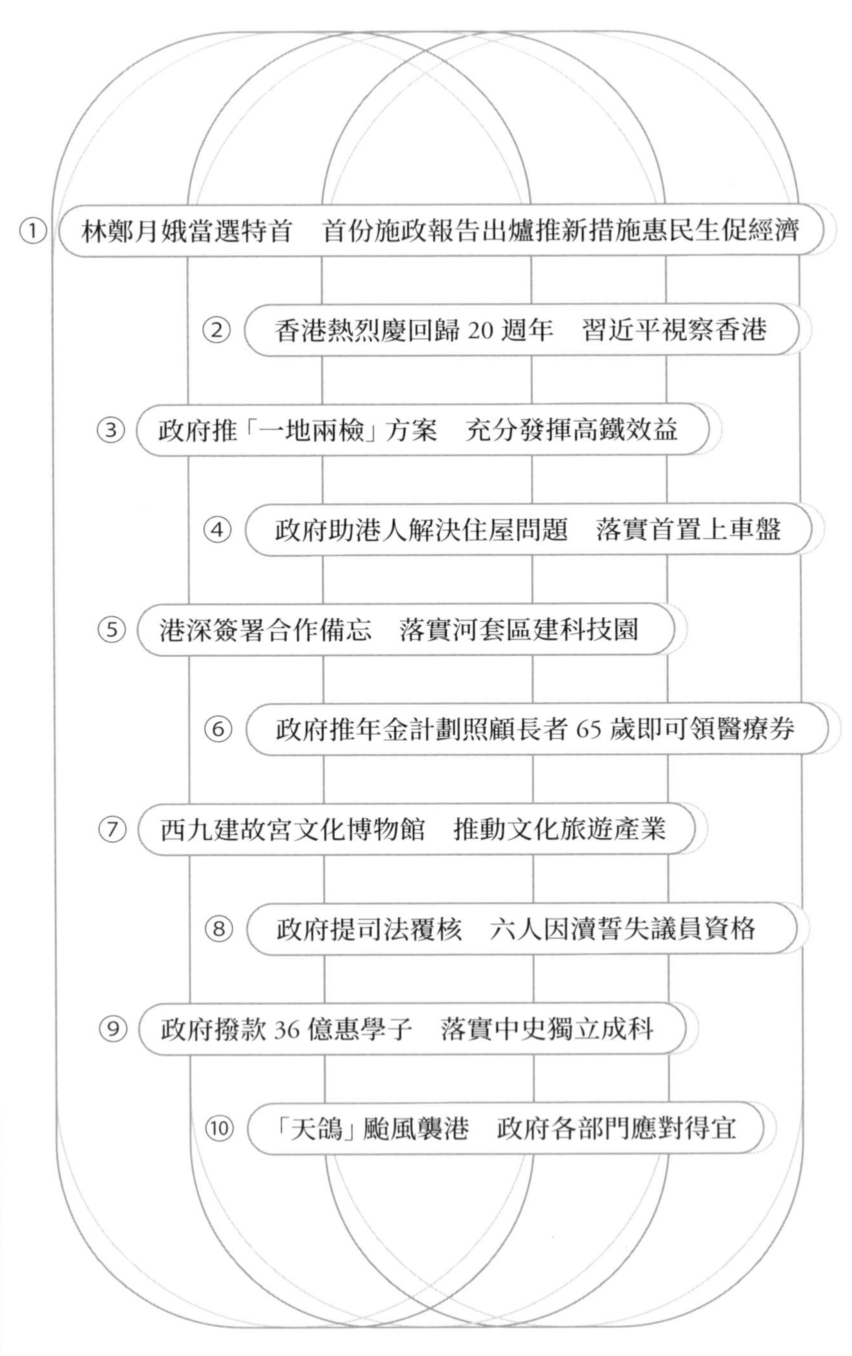

2017 香港商界最關注的十件大事

① 習近平蒞港視察並出席回歸 20 週年慶典

② 十九大召開　習近平連任中共中央總書記

③ 林鄭月娥當選特區第五任行政長官

④ 港府提西九站「一地兩檢」方案

⑤ 香港成為亞投行新成員

⑥ 推進大灣區建設框架協議簽署

⑦ 港競爭力排名全球稱冠

⑧ 六議員宣誓無效被取消資格

⑨ 港深簽約河套發展創新及科技園

⑩ 內地與港簽 CEPA 新協議

香港·2018

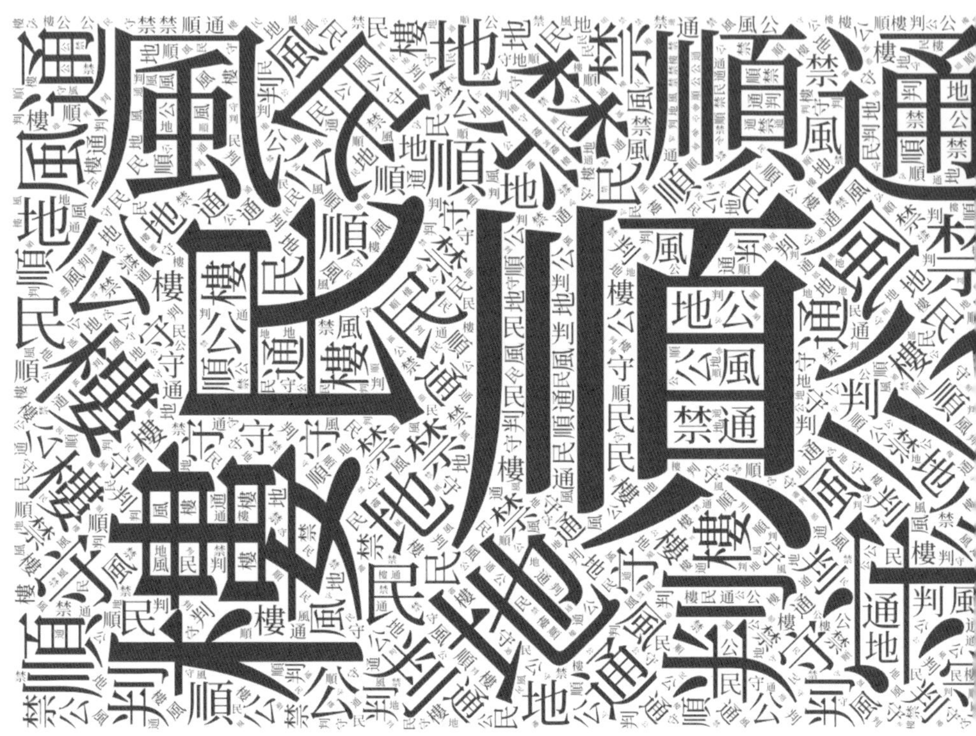

順 shùn ㄕㄨㄣˋ 食閏切，去，稕韻，牀三。文部。

㊀ 順從，順應。與「逆」相對。易革：「小人革面，順以從君也。」又説卦：「昔者聖人之作易也，將以順性命之理。」㊁ 順着。墨子魯問：「楚人順流而進，迎流而退。」荀子勸學：「順風而呼，聲非加疾也，而聞者彰。」㊂ 順理。論語子路：「名不正，則言不順，言不順，則事不成。」特指和順。詩鄭風女曰雞鳴：「知子之順之，雜佩以問之。」引申指通順。文選晉陸士衡（機）文賦：「或辭害而理比，或言順而義妨。」㊃ 順序。左傳宣四年：「鄭人立子良。辭曰：『以賢，則去疾不足；以順，則公子堅長。』（去疾，子良名。又指使有順序。左傳隱五年：「昭文章，明貴賤，辨等列，順少長，習威儀也。」……

（《辭源》）

民建聯舉辦第六屆「香港年度漢字」評選，「順」字當選 2018 年「香港年度漢字」。

評審委員會對「順」字的釋義為「順利，順暢。事物的發展或事情的進行沒有障礙」，而根據《說文解字》，「順，理也」，「理者，治玉也」，即將玉石打磨成器。

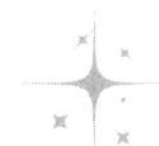

民建聯創會主席、立法會前主席曾鈺成表示，市民選擇漢字，是基於社會現實情況或對生活的期望，如「樓」字就是大家都想解決的住屋問題，而「民」字則反映市民對民生及政府施政有期望。至於今年高票當選的「順」字，曾鈺成表示既是市民的期望，也是現實的反映，因為過去一年的行政及立法關係的確改善了，政府運作亦較過往暢順。他又引用《說文解字注》中「順之所以理之，未有不順民情而能理者」，指順應民情應為管治基礎，管治者只有順應民情才能好好管治社會。

時任青年民建聯主席顏汶羽指，「民」字和「樓」字得票分別排第二位、第三位，證明市民對政府施政及樓市的關注有增無減，能夠「安居」仍是市民最大的願望。

時任民建聯副秘書長葉傲冬表示，「地」、「通」、「風」三個本是投票初段的熱門候選漢字，相信是因為市民對土地供應、多項大型基建通車及颱風「山竹」襲港等事件印象深刻。然而，最終投票結果顯示，最多市民關注的還是政府施政是否暢順，是否以民為本。

2018 候選年度漢字

順利、順暢，
事物的發展或事情的進行沒有障礙。

自修改議事規則後，拉布之風稍緩，立法會的運作比以前較為暢順有序。

以民為本、民生，
以勞動群眾為主體的社會基本成員。

政府施政以民為本，竭力解決房屋問題，增加福利，照顧老幼，加強扶貧工作。

樓房、樓層，指建築物的
上層部分，人民安居之所。

香港地少人多，人人希望早日「上車」買樓，實現擁有一個安樂窩的願望。

公開、公正，
不隱瞞，不偏私。

公平、公開、公正，尊重法治精神，是全體香港市民堅決捍衛的核心價值。

風暴、颱風，
大規模、具破壞性的空氣流動。

山竹襲港造成嚴重破壞，天文台發出十號颶風訊號達十小時，亦是本港連續兩年發出最高熱帶氣旋警告訊號。

2018 候選年度漢字

通行、路路暢通，
沒有阻礙，能夠順利到達。

廣深港高鐵及港珠澳大橋先後通車，兩大基建更有效聯繫國家與香港，為香港創新出路。

守護、留守，
保持，衛護，維持原狀。

落實「一國兩制」，堅守基本法，才能保障香港長期繁榮穩定，港人生活方式不變，人人安居樂業。

土地、陸地，地球表面的
固體部分，與「海」對應。

土地供應專責小組展開為期 5 個月的諮詢（土地大辯論），與社會共謀解決土地及房屋短缺問題。

禁令、禁止，
不許從事某項活動的法令。

保安局正式刊憲禁止「民族黨」運作，維護國家統一，向社會發出「港獨沒出路」訊息。

判決、裁判，
區別、分辨、斷定之意。

法治是香港的核心價值，犯案者最終將受法律制裁。今年，不少有關旺角騷亂的案件審結、判決。

順勢而上

2018，香港這一年

2018 年的香港，儘管建設與破壞的兩股力量仍在纏鬥，但整體社會氣氛轉好。乘國家發展大勢，香港順勢而上，以「一橋一鐵」兩大跨境基建，主動融入國家發展大局。「一地兩檢」得以實現，成為香港民心向背的一次集中宣示。特區政府啟動國歌法本地立法程序，取消港獨分子參加補選資格，取締「香港民族黨」等一系列操作，以組合拳形式，向社會亂象宣戰。

這一年，廣深港高鐵香港段正式通車，香港自此邁入高鐵新時代。通車首日，數十名通宵輪候的市民率先進入票務大堂。西九龍站變身打卡熱點，吸引香港市民及大灣區居民搶先試搭，體驗高鐵速度。現場人頭攢動，不少是全家總動員，扶老攜幼前來拍照留念。高鐵香港段全長二十六公里，以西九龍為起點，連接國家高鐵網絡，可直達深圳、廣州、北京、上海、昆明、桂林、貴陽、鄭州、武漢、長沙、杭州、南昌、福州、廈門和汕頭等四十四個內地站點，從此將香港連入內地二萬五千公里的高鐵網中。高鐵通車初期，每日有八十三至一百二十七對列車，來往兩地。列車最高營運速度為每小時二百公里，每個行車方向每小時可接載約一萬名乘客。由西九龍出發，到深圳福田站僅需十四分鐘，到深圳北的車程約十八分鐘，到廣州南的車程約四十八分鐘，大幅節省跨境出行時間，便利兩地交通。作為繼城際直通車之後的第二條跨境鐵路，高鐵香港段貫通廣州、深圳、香港三個高速發展的粵港澳大灣區龍頭城市，除了使大灣區的快速客運網絡更臻完善，推動區內經濟、社會和文化交流之外，更透過京廣客運專線和杭福深客運專線，將香港連接至首都經濟圈和長三角區域，有助增強區域之間的協同效應，創造更多發展機遇。對於高鐵香港段歷時七年耗資逾八百億港元，堪稱全球最貴高鐵路段，時任運輸及房屋局局長陳帆表示，跨境基建並非以短期收回成本為主要準則，從高鐵為乘客節省時間的角度計算回報，足以支撐整個項目，長遠而言具有經濟效益。他形容高鐵是港人感到驕傲的跨境建設，是「新生命開始」。

這一年，伴隨着廣深港高鐵香港段通車，「一地兩檢」通關模式在西九龍高鐵站實施。一直以來，反對派針對特區政府將站內部分區域交由內地管轄，羅織「割地賣港」、損害「一國兩制」等莫須有罪名，煽動政治與執法等疑慮。所幸，「一地兩檢」條例最終突破阻撓，成功落地，在西九龍高鐵站內同時設有香港口岸區和內地口岸區，分別由兩地有關部門按照各自法律辦理通關手續。內地海關、邊檢、檢疫、鐵路公安及口岸綜合管理五大機構，歷史性進駐西九龍高鐵站內地口岸區執法，但有關人員不會在內地口岸區以外區域執法。就內地口岸區的法律適用及管轄權劃分，條例界定的非保留事項由內地根據《內地與香港特別行政區關於在廣深港高鐵西九龍站設立口岸實施「一地兩檢」的合作安排》和內地法律實施管轄。站內的香港口岸區則按合作安排規定，根據香港法律由港鐵公司藉憲報刊登公告，宣佈為過境限制區。「一地兩檢」一站式完成出入境流程，簡化通關程序，節省通關時間，真正發揮高鐵效益，為旅客提供切實便利。

這一年，港珠澳大橋正式通車，打通大灣區一小時生活圈。港珠澳大橋跨越伶仃洋、連通粵港澳，全長五十五公里，是全球最長的橋隧組合跨海通道。作為「一國兩制」下粵港澳三地首次合作共建的超大型跨海交通工程，項目總投資逾一千二百億，在中國建設史上，堪稱里程最長、投資最多、施工難度最大的跨海橋樑。大橋採用最高建設標準，抗震達八度，能抵抗十六級颱風，能承受三十萬噸巨輪撞擊，設計使用壽命一百二十年，在設計理念、建造技術、施工組織、管理模式等方面皆具創新性和前瞻性，創造了四百多項新專利、七項世界之最，被外媒譽為「現代世界新七大奇迹之一」，標誌着中國隧島橋設計施工管理水平走在了世界前列。港珠澳大橋的開通運營，對大灣區互聯互通無疑具有重大促進作用。曾經，香港與澳門及珠海之間並沒有直接的陸路通道，輾轉虎門大橋中轉三地，往往不得不忍受堵車之苦，至少需要四個小時的車程。從香港乘船到珠海或澳門，船程也至少要一個小時，還不包括出入境通關的時間。所幸，港珠澳大橋帶來了徹底的改變。一橋連三地，在「同心橋」效應下，三地車程大幅縮短至無需一小時，交通成本明顯降低，香港、澳門、珠海三地的人流、車流、物流因此得以更加緊密相連，大灣區「經脈」也因而得以打通，帶動貿易投資與文化交流，為粵港澳大灣區融合發展開拓新路徑。大灣區居民可以通過港珠澳大橋實現點對點自駕遊，或乘搭不同跨境交通工具直接往來港珠澳三地，突破以往海路或陸路中轉限制，令出行更具彈性，也更加便利。

這一年，針對住宅供不應求、樓價飆升等房屋問題，特區政府公佈六招新房屋政策，致力重建置業階梯。樓價高企，令「上車」難成為諸多民生議題中最嚴峻、最棘手的難題。圍繞三大目標，旨在令資助出售單位更可負擔，增加資助房屋單位供應並加強支援過渡性房屋供應，以及鼓勵一手私人住宅單位盡早推出市場，特區政府採取六項新措施，試圖扭轉房屋現狀。主要措施包括：修訂資助出售單位的定價政策，將資助房屋定價與市價脫鉤，新一期居屋以五二折出售；邀請市區重建局將位於馬頭圍道的非合作發展項目改作「港人首次置業」先導項目，以協助既不符合申請居屋資格又未能負擔私營房屋的較高收入家庭置業；改撥私營房屋用地以發展公營房屋，包括位於啟德和安達臣道石礦場的合共九幅用地；成立專責小組協助民間推行過渡性房屋項目，以紓緩輪候公共租住房屋家庭和其他居住環境惡劣人士的生活困難；向空置的一手私人住宅單位徵收「額外差餉」，以促使發展商加快一手私人住宅單位供應；修改地政總署「預售樓花同意方案」，以改善銷售手法，增加市場的透明度和加強對消費者的保障。

這一年，針對「地從何來」的土地供應嚴重短缺難題，特區政府提出「明日大嶼願景」，多策並舉應對刻不容緩的房屋問題。作為一項關乎香港未來數十年整體發展的長遠規劃，「明日大嶼願景」涵蓋中部水域交椅洲和喜靈洲附近合共約一千七百公頃的人工島、大嶼山北岸和屯門沿海地帶，包括重新規劃後的內河碼頭區和龍鼓灘等多個發展區，並配以一套全新的運輸基建網絡貫通各區，通過拓展土地資源、完善社區配套設施、擴闊交通基建版圖等，為香港經濟發展、民生改善，以及市民安居樂業燃點希望。除出售私人住宅和商業用地會有財政收入外，發展人工島亦能創造大量社會和經濟效益，提供數十萬住屋單位和就業職位，綜合成本效益考慮，「明日大嶼願景」是上佳選擇。此外，政府建議推出「土地共享先導計劃」，透過公平和具高透明度的機制，更好地利用不在政府發展規劃的私人擁有土地，以在短中期滿足公營和私營房屋的需求。為釋公眾疑慮，由政府與申請者「共享」的新增住宅樓面面積，當中不少於六至七成須用作興建以資助出售房屋為主的公營房屋。特區政府亦會重啟「工廈活化計劃」，並首次容許改裝整幢舊工廈作過渡性房屋之用，以解燃眉之急。

這一年，討論本地立法，維護國歌尊嚴，已然擺上特區議事日程。國民尊重國旗、國徽、國歌等國家象徵是國際慣例，港人作為中國人，自當尊重國家象徵。然而，由於殖民管治時期國民教育的缺失、國族觀念的偏差，對於國旗、國徽、國歌等國家象徵的不尊重行為時有發生，造成不容低估的負面影響。隨着人大常委會將《國歌法》列入基本法附件三，作為在香港實施的全國性法律，政制及內地事務局繼《國旗及國徽條例草案》後，正式向立法會遞交《國歌條例草案》，啟動本地立法程序，進入初步審議階段。時任政制及內地事務局局長聶德權表示，在《國歌法》本地立法中，最重要有兩方面：其一，法例的精神是尊重國歌；其二，如果有人公開和故意做出侮辱國歌的行為，必須要禁止，亦須負刑責，以起阻嚇作用。《國歌法》本地立法的主旨即在於，通過法律規範維護國歌尊嚴。在確保國歌尊嚴得到維護的前提下，兼顧香港的法律制度與實際情況，理性討論，釋除疑慮，求同存異，成為順利立法的關鍵。

這一年，特區政府重拳出擊，連環打擊「港獨」勢力。本土民主前線前發言人梁天琦，因在旺角騷亂中暴動和襲警罪成，被判囚六年；自決派立法會議員朱凱廸，因「隱晦支持香港獨立」，被裁定參選八鄉元崗新村居民代表提名無效；宣誓風波中被剝奪立法會議員資格的劉小麗，因曾提及「民主自決」和香港獨立，被裁定參選九龍西立法會補選提名無效；針對戴耀廷在台灣「五獨論壇」上公然鼓吹「香港建國」的言論，特區政府發出強烈譴責聲明，指有關「港獨」言論決非言論自由或學術自由的問題。此外，「香港民族黨」主張「以任何形式的有效抗爭達至香港獨立」，曾在添馬公園以「捍衛民主，香港獨立」為主題舉行集會，號稱香港史上首次大型「港獨」集會，召集人陳浩天亦曾到外國記者會演講，公然發表「港獨」主張。特區政府引用《社團條例》第八條，刊憲禁止「香港民族黨」運作，即時生效。時任保安局局長李家超表示，「香港民族黨」黨綱公然違反基本法，其綱領與行動明顯危害國家安全，港府考慮多重因素宣佈將「香港民族黨」列作非法社團，決定禁止其運作。「香港民族黨」隨後提出上訴，遭行政長官會同行政會議駁回。

這一年，香港第四條過海鐵路沙中綫爆連環醜聞，令港人引以為傲的工程質量、專業和誠信受損。有關沙中綫工程醜聞接連曝光，包括紅磡站月台鋼筋被剪短，土瓜灣站兩幅結構牆施工紀錄與所涉圖則不符，會展站挖掘工程未放置足夠橫向工字鐵支撐結構，沙中綫多個車站出現沉降幅度超標。沙中綫工程醜聞觸發港鐵人事大地震，多名高層因此離職或提早退休。行政長官要求「全面追究、徹底善後」，特區政府宣佈成立獨立調查委員會展開聆訊，並鑿開紅磡站至少八十處進行檢查。多名港鐵證人於聆訊作供時，承認鋼筋與螺絲帽的接駁紀錄為後補清單，有形同造假之嫌。港鐵負面新聞不斷，首次發生四綫齊壞事故，荃灣線、觀塘線、港島線及將軍澳線先後出現信號系統故障，令列車服務僅為平常高峰期的一至兩成。由於正值上班上學繁忙時段，數以百萬計市民被迫困在車站，多個主要中轉站月台水洩不通，幾近癱瘓，全港交通大混亂，嚴重影響市民出行。經過六小時搶修，四綫才逐漸恢復正常運作。港鐵高層三度向乘客致歉，表示將邀請外國專家組成委員會深入調查事件。

這一年，超強颱風「山竹」吹襲本港，一時間樓搖牆崩、棚塌窗飛、樹冧水淹，造成巨大破壞。香港天文台發出十號颱風信號達十小時，為史上第二長時間。山竹最逼近時，在本港以南僅約一百公里掠過，以一百五十五公里平均風速，一舉打破本港最高風速紀錄。黃色及紅色暴雨警告、山泥傾瀉警告、新界北部水浸特別報告相繼生效，本港風勢普遍達到烈風至暴風程度，離岸及高地更吹十二級颶風。「山竹」甚至引發風暴潮，導致維港水位上升至兩米三五，巨浪排空的畫面迄今歷歷在目。風暴下，逾七千戶供電受影響，長洲多戶斷水斷網，吐露港、城門河、鯉魚門、杏花邨等地變身澤國，將軍澳更成重災區，全港約四百人在風暴中受傷；海陸空交通癱瘓，機場停擺，港鐵露天段有樹幹壓電纜，新渡輪多個碼頭受創，復駛復航時間延遲。風災後滿目瘡痍，多個建築物受損，多處公共設施待修。破紀錄的六萬宗塌樹，加之多區嚴重水浸，更令主要交通幹道嚴重阻塞。風災翌日，雖然所有學校停課，但打工仔卻要花數小時上班，演出披荊斬棘返工記。

這一年，一眾時代巨星相繼隕落，為多年所罕見，令人扼腕歎息。從國學大師饒宗頤，到當代新儒家代表人物霍韜晦；從一代大俠金庸，到一代才女林燕妮；從香港文壇教父劉以鬯，到香港影壇大亨鄒文懷；從香港政壇元老鍾士元，到「紡織大王」唐翔千；從「光纖之父」高錕，到「中國百校之父」田家炳……政商文教各界全年噩耗不斷，有關新聞不時佔據報章頭版，怵目驚心。世人在緬懷和致敬逝者的同時，亦不由得感歎香港之殤，生出無限唏嘘之情。與此同時，大館、南豐紗廠、新聞博覽館等三大古蹟保育活化項目相繼開幕，豐富本港藝文空間，成為文青打卡勝地。由南豐集團斥資七億，歷時近四年改造的南豐紗廠，將年過半百的老廠房打造成為型格建築「The Mills」，集南豐作坊、南豐店堂和紡織文化藝術館於一體。大館則是香港賽馬會與特區政府合作的成果，將曾經的執法、司法與懲教重地，變身為香港藝術文化地標，包括前中區警署、中央裁判司署和域多利監獄的歷史建築，賽馬會藝方和賽馬會立方的當代建築，以及戶外空間。

攻堅：順流也逆流

2018 年，是香港基建高歌猛進的一年，亦是香港大步融入國家發展大局之年。從廣深港高鐵香港段通車，到港珠澳大橋通車，一方面，香港成功連接國家高鐵網絡，拉近與內地各省市距離，另一方面，粵港澳大灣區實現互聯互通，加速三地融合發展，「一橋一鐵」為香港的前路與遠景創造更多可能。

對於「順」字當選 2018 香港年度漢字，譚耀宗直言實至名歸，畢竟 2018 年相對過往幾年是難得順景的一年。從港股年初衝上 31983 點高位締造歷史紀錄，到政府年度財政盈餘錄得逾一千三百億元，財政司長陳茂波在《財政預算案》中宣佈「派糖」，將推出「關愛共享計劃」等一系列寬減措施與市民共享經濟成果。此外，特區政府以連環拳打擊「港獨」勢力，立法會修改議事規則遏制「拉布」，均令特區運作較以前暢順。然而，順流之外卻也有暗潮湧動，而今回看 2019 年的修例風波，2018 年的香港，好似正坐在即將迸發的火山口上。

向「港獨」說不

保安局局長引用《社團條例》禁止「民族黨」運作，一石激起千層浪。英美政府和歐盟先後就特區政府禁止「民族黨」運作發出聲明和評論。美中經濟與安全審查委員會甚至發表報告稱，中國中央政府「干預」香港的情況令人憂慮，更建議美國政府考慮取消香港的獨立關稅區地位。譚耀宗批評有關報告罔顧事實，對香港並不公道，要求美國不要作出傷害香港的行為。他質疑反對派中人經常到歐美唱衰香港，令對方誤會而採取攻擊和損害香港的措施。他強調，香港一直緊守「一國兩制」，特區政府重視並保障新聞和言論自由，外界不應以偏概全。

對於港府禁止「民族黨」運作的決定，譚耀宗表示支持，指「民族黨」打正旗號搞「港獨」，分裂國土的目的抵觸憲法和基本法，必須予以取締。他肯定港府處理今次事件完全按照法例及程序公義，給予「民族黨」申辯機會並一再延期，有關做法合情合理合法，又呼籲「港獨」組織不要再以身試法。他譴責「民族黨」處心積慮播「獨」，召集人甚至去信美國要求「制裁香港」，「完全置香港的利益於不顧」，令人反感。港區全國人大代表為此發表聯署聲明，堅決支持保安局局長依法禁止違憲違法「民族黨」運作，指此舉是依法維護國家安全、維護香港社會和市民大眾利益的決定，具有充分事實根據和堅實法律依據，完全合乎基本法和特區本地法律規定，「既沒有損害香港言論自由和結社自由，亦不存在政治打壓。」

打破「選舉迷思」

DQ 事件令立法會議席出現六席懸空，其中九龍西和新界東各有兩席待補，引發激烈的補選之爭。在九龍西的兩次補選中，出身建制的鄭泳舜和陳凱欣先後勝出，打破長期以來建制派在「單議席單票」選舉中難以獲勝的「選舉迷思」。

一直以來，九龍西都是泛民的票倉。然而，2018 年的兩次立會補選，卻讓泛民連吃兩次敗仗，不但全取兩席的如意算盤打不響，原本一呼百應的「英雄地」還反而變成全軍覆沒的「英雄塚」，可謂大失預算。譚耀宗認為，建制派在兩次補選中獲勝，打破多年來的「選舉迷思」，不單令愛國愛港人士感到十分雀躍，更證明當下市民最關注的議題是發展經濟及改善民生，市民希望議會能有更多理性、務實的建設力量。他相信兩位新丁進入議會後，也必會令議事堂的正能量有所提升。

「一橋一鐵」的歷史性飛躍

2018 年 9 月 23 日，廣深港高鐵香港段正式開通，大灣區各城市之間實現高鐵全聯通；10 月 24 日，超級工程港珠澳大橋正式通車，標誌着粵港澳大灣區陸上交通閉環形成。兩大跨境基建項目進一步接駁香港與內地，讓兩地距離更近，聯絡更緊，也為港澳與內地的協同發展提供了全新動力。時任行政長官林鄭月娥在不同場合表示，跨境基建有助形成粵港澳「一小時生活圈」格局，為大灣區人流、物流、資金流、信息流和吸引海內外人才提供最佳條件。

「一橋一鐵」的啟用，經由交通鏈接，成就更多可能，為未來創造無限機遇，堪稱香港融入國家發展大局的里程碑事件，對香港未來發展及社會民生意義重大，對粵港澳大灣區及「一帶一路」建設影響深遠。譚耀宗直指「一橋一鐵」正式通車是 2018 年大事中的大事，不僅拉近香港與內地之間的關係，而且向世界展現了不起的中國力量，令人歡欣鼓舞。

「一地兩檢」攻堅戰

廣深港高鐵香港段南起於西九龍填海區的西九龍站，路段北端連接廣深港高速鐵路廣深段，並與內地高速鐵路網絡相通。與內地城市之間不同的是，連通香港與深圳，除了要考慮鐵路建造工程，亦需要解決香港與內地的清關、出入境及檢疫等相關安排。只有高效通關，方可發揮高鐵最大的經濟效益和社會效益，為乘客帶來最大便利。

解決方案正在於簡化通關程序的「一地兩檢」。早在2017年，特區政府便公佈「一地兩檢」方案，參考深圳灣口岸模式，建議採用「三步走」方式實施「一地兩檢」。兩地政府簽署有關合作安排，並獲全國人大常委會以決定形式批准。2018年，「一地兩檢」條例草案提交立法會審議，遭到反對派議員的強烈阻撓，不止抹黑「一地兩檢」是一道「隨意門」，還聲稱內地執法人員可隨意跨境執法，拘捕港人。首讀、二讀和三讀歷時近五個月，其間亂象頻生，反對派不停「拉布」，多次以規程問題拖延審議進度，更做出叫囂、謾罵等舉動，甚至衝擊主席台搶咪。所幸在廣大民意的支持下，「一地兩檢」條例草案終獲通過，完成立法程序。《環球時報》發表社評，稱「香港反對派輸了」，指反對派不應該「逢中必反」，「不能為了自己的政治利益而與香港民生的現實需求過不去」。

對於「一地兩檢」披荊斬棘的攻堅，譚耀宗記憶猶新。他指出，「一地兩檢」的意義在於推動內地與香港的發展，得到國家與香港的廣泛支持，需要香港與內地共同合作，在「一國兩制」的框架下推進。「一地兩檢」的「三步走」方案正是兩地共同協力的成果，通過「三步走」，「一地兩檢」並不會違反基本法有關香港法律以及香港高度自治的規定。他批駁抹黑「一地兩檢」的言論，強調「一地兩檢」的目的出於便利旅客，讓旅客能一次過通關，體現高鐵高速快捷的優勢，符合兩地居民利益，不應將事件政治化，蓄意抗拒。

香港與改革開放

為慶祝國家改革開放四十週年，時任行政長官林鄭月娥率領來自各界超過一百六十人的代表團訪問深圳，參觀深圳改革開放展覽館、前海展示廳和前海石公園。譚耀宗隨團參觀「大潮起珠江——廣東改革開放四十週年展覽」，了解廣東改革開放的歷史進程、卓越成就和寶貴經驗，感慨四十年間日新月異的發展。他盛讚全日行程豐富，表示對改革開放展覽館最感興趣，因自己經歷和見證了改革開放過程，感覺十分親切。他認為，國家改革開放至今取得巨大成就，提出改革開放的鄧小平居功至偉，「如果沒有鄧小平，中國可能尚處落後階段」。

在隨後的訪京行程中，代表團參加由國家發改委和國務院港澳辦合辦的香港澳門參與國家改革開放四十週年座談會，回顧港澳參與改革開放的歷程，前瞻新時代改革開放的發展重點和港澳在國家發展大局中的角色。對此，譚耀宗亦深有感觸，在他看來，四十年間，國家與香港同發展、共繁榮，關係愈來愈密切。香港是改革開放的「見證者」、「參與者」、「貢獻者」和「受惠者」，為改革開放做出了自己的貢獻，而國家也給予了香港許多機會。

在訪問中，當憶及國家領導人接見代表團的一幕，譚耀宗更是難掩激動之情。他說:「國家主席習近平是我見得最多的國家領導人，因為我有幸出席中央舉辦的盛大活動，和全國人民代表大會全體會議，但大都是遠距離的接觸，而最直接接觸則出席國家改革開放四十週年慶祝活動。當時習主席逐一與參加者握手，當我握着主席的手時，有很多話想講，卻又說不出來。習主席對我說『辛苦你了』，我頓時激動萬分，心想即使再艱難的事也變得不成問題。」

從政協到人大常委

從百貨公司練習生，到工會領袖，再到立法局和立法會議員，乃至擔任行政會議成員、全國政協委員，當選全國人大代表，成為全國人大常委，晉身國家最高決策機關，譚耀宗的人生好似一部高潮迭起的時代劇，個人成長與社會變遷彼此呼應，充滿自強不息的勵志故事和心繫家國的赤子情懷。

因幼時家境艱辛，譚耀宗中三便輟學到先施百貨打工，從練習生做起，學習和從事櫥窗陳列設計。他七十年代加入港九百貨商店職工會，其後擔任工聯會副理事長和勞工顧問委員會勞方代表，從此踏入政壇。縱橫政壇四十餘載的他，單是議員生涯就有三十年，無疑是資深歷厚的長青樹。然而談起從政初心，他卻自言只是機緣巧合之下獲前輩賞識，誤打誤撞進入政界。1985 年，他循勞工界成為立法局議員，受邀加入基本法起草委員會，是所有成員中最年輕的一位，亦是勞工界的唯一代表。從工聯會到民建聯，從立法機關到行政會議再到最高國家權力機關，一路走來，他與參政議政結下不解之緣。無論晴天雨天，數十年如一日，為理想不斷前行。

作為新中國的同齡人，譚耀宗在愛國家庭長大。任職海員的父親，在漂洋過海的航行旅程中，深切體會到個人榮辱與國家強弱息息相關，因此秉承海員愛國傳統，對下一代言傳身教。作為家中長子的譚耀宗，幼承父訓，自然耳濡目染深受影響，自小便有一顆愛國心。從為勞工階層發聲，到為香港福祉奮鬥，在參選全國人大的宣傳單張上，他明言「傳承愛國愛港」,「為國家為香港創新天」，其中有原生家庭的影響，更有職業生涯的影響。

2018 年，在擔任全國政協十五年後，原本計劃退下火線的譚耀宗，在同事和友人的鼓勵與支持下，決定轉換跑道，參選全國人大，更以逾九成九得票率高票當選全國人大常委。對於參選成敗，譚耀宗一直以平常心看待，自言無論以人大代表抑或人大常委的身份，都會繼續服務香港和國家。至於高票當選，則令他深感「使命光榮，責任重大」。作為港區全國人大的一名新丁，他邊學邊做，在不斷總結經驗中檢討值得改進之處。每次會後，他都認真整理會議內容，以便提交報告和作出簡報，通過溝通議題並反映意見，致力在中央與香港之間發揮橋樑作用。

此時此刻的譚耀宗，雖然已從全國人大常委功成身退，卻依然退而不休，擔任全國港澳研究會副主任、香港再出發大聯盟秘書長和民建聯會務顧問。對於他而言，只要力所能及，能夠貢獻社會和幫助市民，就會繼續做下去。對於其政治生涯，他以「不枉此生」四個字來形容。他說：「人生短短數十年，有難得的經歷和體驗，為國家、為香港出心出力，我十分珍惜。不少人比我出色，可惜苦無機會，所以我感恩。我從不計較個人得失，更不戀棧權位，我相信，人人為我，我為人人，只要易地而處，明白對方感受，有助人的精神，凡事盡力而為，就無悔今生。」

2018 特區政府施政十件大事

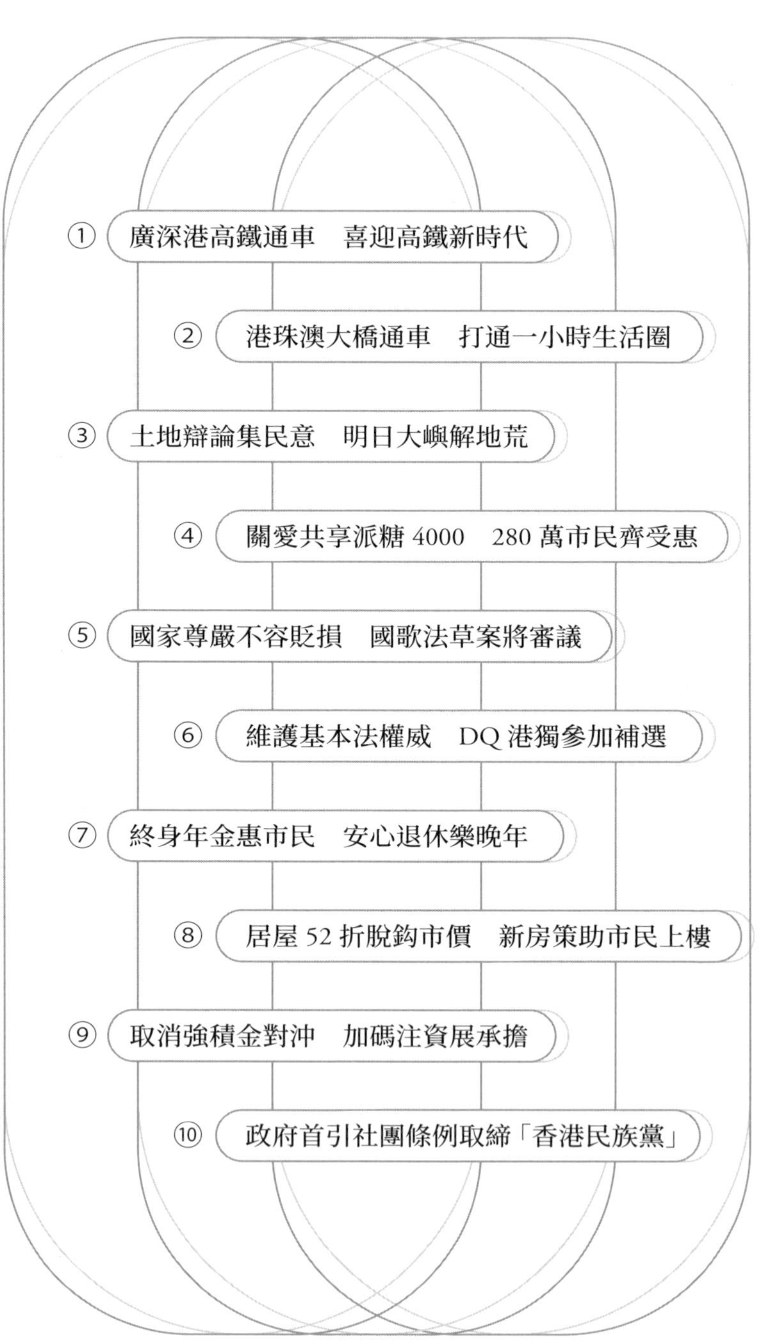

2018 香港商界最關注的十件大事

① 國家慶祝改革開放 40 週年

② 世紀工程港珠澳大橋開通

③ 「一地兩檢」高鐵香港段通車

④ 中美貿易戰　停加徵關稅

⑤ 香港行政長官提出「明日大嶼願景」計劃

⑥ 港澳台居民可領內地居住證

⑦ 超強颱風「山竹」襲港破壞嚴重

⑧ 李嘉誠正式退休　李澤鉅接棒

⑨ 香港交易所推出「同股不同權」招股模式

⑩ 香港特區政府公佈六招房策新措施

香港

2019

從未缺席的 2019

在修例風波與百年疫情的雙重夾擊下，2019「香港年度漢字」評選停辦。然而，有關 2019 年的記憶卻從未缺席。

2019 年，一場猝不及防的修例風波重創香港，東方之珠變成哭泣的城市。在外部勢力插手干預下，抹黑盛行、「港獨」猖獗、黑暴肆虐、攬炒橫行……被「裝修」的香港，深陷暴力漩渦之中。「一國兩制」的底線更是遭遇不斷挑釁，嚴重危害國家主權、安全與發展。

在十位受訪者的訪談中，2019 年亦不時被提及。那是香港風雨飄搖、動盪不安的慘痛記憶，也是香港撥亂反正、重新出發的強烈呼喚。事實已經證明：一切公然挑戰「一國兩制」原則底線、踐踏法治尊嚴、破壞社會安定、侵害公眾利益的違法犯罪行為，都為法治、文明、理性社會所不容，始終逃脫不了法律追究與歷史審判的結局。

香港·2020

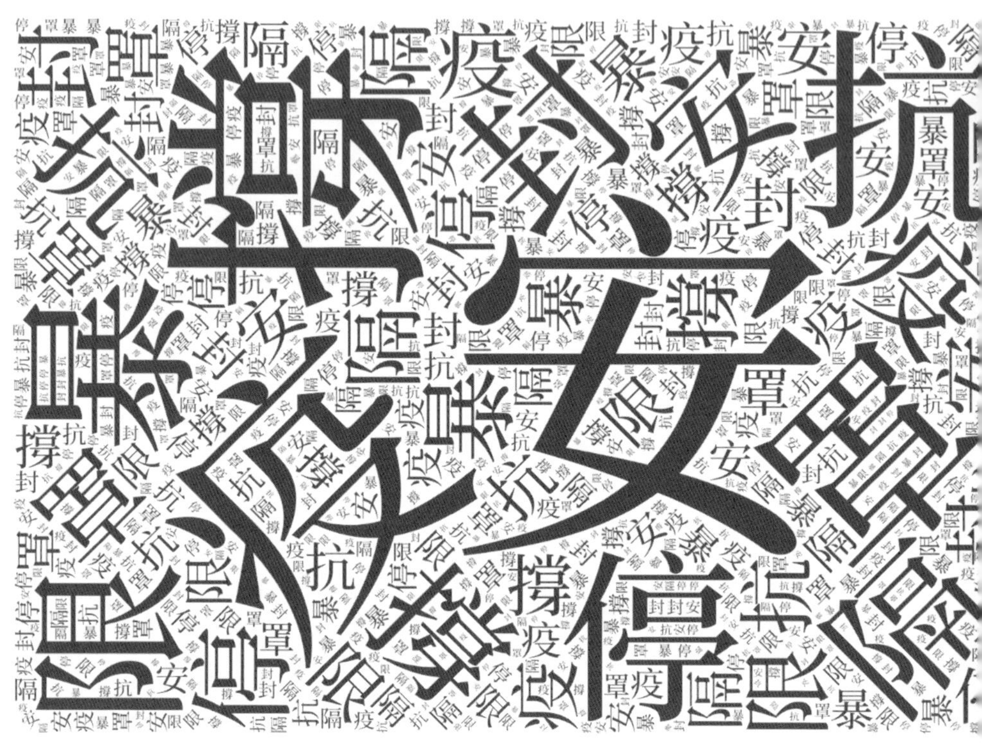

安 ān ㄢ　烏寒切，平，寒韻，影。元部。

㊀ 安定，舒服。詩 小雅 谷風：「將恐將懼，維予與女。將安將樂，女轉棄予。」㊁ 安全，穩定。易 繫辭下：「是故君子安而不忘危。」㊂ 逸樂，安逸。左傳 僖二三年：「懷與安，實敗名。」㊃ 對環境或事物感到安適滿足或習慣。左傳 文十一年：「郕大子朱儒自安於夫鍾。」呂氏春秋 樂成：「舟車之始見也，三世然後安之。」注：「安，習也。」㊄ 安置，安放。北魏 賈思勰 齊民要術四安石榴：「其斸根栽者，亦圓布之，安骨石於其中也。」宋 陸游 劍南詩稾一東陽道中：「小吏知人當着句，先安筆硯對溪山。」㊅ 妥當，適當。漢 王充 論衡 自紀：「世書俗説，多所未安。」宋 楊簡 慈湖詩傳一周南，「毛詩傳曰：『芼，擇也。』其義未安。」……

（《辭源》）

民建聯舉辦第七屆「香港年度漢字」評選，「安」字當選 2020 年「香港年度漢字」。

評審委員會對對「安」字的釋義為「安全，安穩。沒有危險，不受外界事物威脅」。而「安」字代表的社會事件為香港國安法生效，國家安全和市民生活得到有力保護。

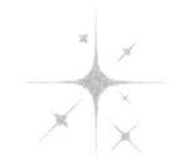

民建聯創會主席、前立法會主席曾鈺成指出，「安」字的部首是「宀」，代表屋頂，很多以「宀」為部首的字都與家庭有關，「安」意指家中有女性，就有安定的日子。他認為，「安，應是最多人期望得到東西，如安全、安定、平安等」。「安」當屬香港市民今年最大的盼望，希望明年的生活如市民所望，平安、安樂。

時任民建聯副秘書長顏汶羽表示，「安」字高票當選，足證「安」在 2020 年最能代表香港市民的心聲。在經歷了修例風波及疫情的背景下，香港市民最大的盼望便是香港社會恢復安定、安穩。

2020 候選年度漢字

安全、安穩，
沒有危險，不受外界事物威脅。

《國歌條例》及香港國安法生效，國歌尊嚴與國家安全得到有力保護。

疫症、瘟疫，
急性、大規模及致命性的傳染病。

新冠疫情在全球蔓延，不少國家確診人數仍然不斷上升，癱瘓了全球人員往來及經濟活動。

力撐、撐住，
支持、擁護之意。

去年爆發的黑暴持續至今，香港警察無畏無懼，克制執法，致力維護社會治安，獲絕大部分市民力撐。

抵抗、對抗，
抵禦、抵擋、反擊之意。

抵抗新冠肺炎是今年的生活主題。為減少病毒傳播，全港市民減少外出，保持社交距離，同心抵抗「疫」境。

口罩、眼罩，
覆蓋、套在外面，用以保護身體的物品。

新冠疫情肆虐，購買防疫物品成了市民日生活的頭等大事，口罩、眼罩甚至乎是面罩都是必備之物。

2020 候選年度漢字

停止、停頓，
不再繼續、進行或實行。

由於新冠病毒的傳染力驚人，本港因此曾多次停課，健身中心、遊樂場所及酒吧等需暫停營業。

暴力、粗暴，
泛指傷害他人身體、破壞性的手段。

持續經年的黑暴，破壞社會安寧，摧毀本港經濟，威脅市民的生命財物安全，令市民深惡痛絕。

封閉、密封，
關閉、禁閉，不許進出之意。

封城、封關、封船，為了隔絕新冠病毒傳播，各國各地都制定了不同的隔絕封閉措施。

限制、限定，
規定在一定範圍內，不許逾越。

政府因新冠疫情爆發的情況，制定了多輪「限聚令」，限制公眾及食肆等場所的聚集人數，規定社交距離。

隔離、隔開，
分開、避免接觸、斷絕往來。

新冠病毒潛伏期大多是一到十四天，與患者有緊密接觸或曾到過高危地區的人士都需隔離十四天。

轉危為安——

2020，香港這一年

2020 年的香港，新年伊始便遭遇雙重夾擊：一邊廂，由修例風波引發的黑暴尚未止息；另一邊廂，新冠肺炎疫情又突然來襲。本港全年經歷四波疫情，確診感染人數突破八千，染疫死亡人數過百，防疫抗疫成為新常態。所幸，香港國安法橫空出世，成功震懾一眾攬炒派，令香港局勢轉危為安，維護國家安全成為最強音。

這一年，新型冠狀病毒病（COVID-19）來勢洶洶，令人聯繫起十幾年前的沙士慘劇而談疫色變。疫症在全球引致逾七千一百萬例確診，近一百六十萬人死亡。在一波又一波的疫情中，本港累計近八千八百人確診、一百四十七人死亡，且患者有年輕化趨勢。第一波疫情中，醫管局員工陣線發起一連五日罷工，要求特區政府全面封關防疫，約九千員工實名簽署罷工宣言。曾接載新冠確診者的「世界夢號」郵輪，因台灣拒絕乘客登岸而轉往啟德郵輪碼頭停泊，逾三千六百名乘客及船員滯留船上五日。第二波疫情中，伴隨着留學生、商務人士等回港潮，爆發酒吧群組個案，「限聚令」首度生效，食肆「限座令」、「禁堂食令」等亦相繼推出。第三波疫情中，餐廳、學校、安養院、住宅區都爆出本地群聚感染病例，多宗個案無法找到源頭，社區傳播一觸即發。第四波疫情中，除了出現大型本地群組個案外，亦有多宗不明源頭個案，港府推出「安心出行」流動應用程式，但社區隱形傳播鏈卻一直未能完全斬斷。九龍灣麗晶花園因排污喉管存安全隱患，險變沙士時期淘大花園翻版。

這一年，新冠疫情引發連串恐慌，觸發搶購潮，亦改變港人工作模式與生活習慣。突發疫情令口罩需求驟然劇增，在供不應求情況下，市民為搶購口罩紛紛使出渾身解數，甚至廢寢忘食漏夜排隊，只為一「罩」難求。口罩變成日常剛需，一度坐地起價炒賣至數百港元，消毒用品亦然。災難是恐慌的溫床，從米「慌」到廁紙「慌」，羊群心理之下，日用品告急，市民競相搶貨囤積，即使超市使出限購殺手鐗，亦難以保證充足供應。香港更發生匪夷所思的「廁紙劫案」，吸引全球媒體爭相報道。受疫情影響，學校停課、復課又停課，學生在家上網課多過回校上課，中學文憑試幾度延期，取消口試。疫情嚴峻時期，打工仔開啟居家辦公模式，網上會議全天候在線。鑒於疫情反覆「難斷尾」，港人因憂慮就業前景，消費變得保守。與此同時，網購、外賣和網上社交成為日常生活的一部分。全球旅遊停擺，香港與新加坡的「旅遊氣泡」計劃，也因第四波疫情而剎停，放假無得遠遊，許多港人因此愛上了近在咫尺的郊野。可以說，港人與疫情共舞，在衣食住行各方面都發生了不同程度的改變。

這一年，疫情重創環球經濟，香港經濟步入嚴冬，特區政府動用超過三千億保就業、紓民困。疫情不斷反覆，令各行各業飽受打擊，令市民生活大受影響，慘過沙士。營商活動陷入停擺，全年經濟收縮 6.1% ，是香港有紀錄以來最大的年度跌幅。疫情引發裁員潮和結業潮，曾經全球排名第一的老牌航空公司國泰航空，在黑暴與疫情夾擊下陷入絕境。國泰宣佈重組計劃，全球實際削減五千九百個職位，香港佔九成，即裁減約五千三百名駐港員工，為本港歷來最大規模裁員。有三十五年歷史的國泰港龍航空即時停運，港產航空公司港龍黯然退出歷史舞台。勞工市場急劇惡化，失業率高企，經季節性調整的失業率在第四季急升至 6.6% ，為十六年來最高。鑒於全球疫情影響香港經濟及民生，為應對疫情挑戰，政府宣佈涉及超過三千億元的一系列紓援措施，其中包括 2020/21 年度《財政預算案》的一千二百億元紓困措施，第一輪三百億元防疫抗疫基金，以及涉資數以億計的多項措施，從撐企業、保就業、支援勞工、紓解民困等方面多管齊下，上下一心共度時艱。

這一年，自修例風波以來的街頭暴力未息，議會亂象頻生。「港獨」勢力肆無忌憚地破壞「一國兩制」，製造緊張局勢，擾亂社會安寧。攬炒派政客揚言打「議會戰線」，透過瘋狂「拉布」和搗亂，試圖癱瘓立法會運作，再配合「國際戰線」

與「街頭戰線」，威迫港府答應其「訴求」。立法會內務委員會成為角鬥場，內會主席之位因泛民刻意阻撓，拖逾半年仍然懸空。在特別會議上，甚至發生攬炒派議員衝擊主席台，與保安發生肢體衝突一幕，嚴重干預立法會運作。立法會秘書處隨即報案，指有人在會議進行期間作出擾亂秩序行為。經過深入調查，警方以涉嫌觸犯《立法會（權力及特權）條例》有關「藐視罪」及「干預立法會人員罪」，採取行動，拘捕七名攬炒派政客，包括胡志偉、尹兆堅、黃碧雲、張超雄、陳志全、朱凱迪及郭永健。社會輿論肯定警方執法行動，指此舉既是「遲來的正義」，亦是依法追究的應有之義。至於內會主席之位，在經歷十八次會議之後，也終於成功選出，正式終結鬧劇。

這一年，香港國安法實施，香港社會重拾安寧。為守護「一國兩制」初心，維護國家安全，全國人大常委會於 6 月 30 日高票表決通過香港國安法，以防範、制止和懲治與香港特區有關的分裂國家、顛覆國家政權、組織實施恐怖活動和勾結外國或者境外勢力危害國家安全等四類罪行，保障香港繁榮穩定和居民合法權益。香港特區政府當晚宣佈香港國安法刊憲，法例即時生效。特區政府發表嚴正聲明，稱「光復香港 時代革命」口號有「港獨」含意。7 月 3 日，香港特區維護國家安全委員會成立。7 月 8 日，中央在香港設立維護國家安全公署。作為兼具實體法、程序法和組織法內容的綜合性法律，香港國安法建立起特區維護國家安全的法律制度和執行機制。針對香港國安法，西方多國有計劃放寬港人移民或居留申請限制，刻意挑動「移民潮」。美國則宣佈制裁香港和中國內地官員，時任行政長官林鄭月娥、港澳辦主任夏寶龍等均榜上有名。然而，事實勝於雄辯，香港國安法實施半年，成效可謂立竿見影，社會亂象和黑暴罪案銳減，香港回復和平與安定，開啟由亂向治進程。正如全國政協副主席董建華所言，香港國安法絕不會影響香港人享有的各種合法權利及自由，只會針對極少數、危害國家安全的犯罪分子，時間會證明一切。而全國政協副主席梁振英則強調，國安法令香港社會重回正軌，帶來穩定局面，是香港由亂轉治的開端。

這一年，公務員事務局公佈新入職公務員宣誓要求，莊嚴法律權威。2020 年 7 月 1 日或之後新入職的公務員須簽署聲明，而直接受聘擔任高級職位（如部門首長）的公務員則須宣誓，表明擁護基本法和效忠香港特區。在通告發出後，受聘的公務員的聘書上將列明，獲聘條件之一須簽署聲明或宣誓，如準受聘人拒絕簽妥聲明或宣誓，便應視為不符合聘任條件。如有人員在職期間涉嫌或被裁定違反聲明或誓言，有關個案會按公務員規則及規例處理，包括《公務人員（管理）命令》或有關紀律部隊法例下的紀律行動。對此，公務員工會聲稱誓詞含糊不清，對「擁護」和「效忠」等用語表示異議，甚至有工會主席揚言公務員「不過是一份工而已」，無須宣誓。事實上，曾有數千名公務員不顧「政治中立」，參加由攬炒派工會發起的反政府集會，公然對抗政府，至少有數十名公務員因參與暴亂相關的罪行而被捕。廉政公署前副廉政專員郭文緯專門撰文，指香港公務員隊伍內存在隨時威脅國家安全的攬炒派支持者，特區政府不能不防。由於公務員掌握公權力、承擔公共責任，宣誓效忠既是一種表態，也具有法律含義，公務員事務局局長決不能退讓。

這一年，圍繞立法會，從換屆選舉延期到泛民集體總辭，備受矚目。在立法會換屆選舉之年，攬炒派搶閘舉行「初選」，妄圖挾「民意」以令政府。因疫情關係，特區政府決定立法會選舉延後一年舉行。為維持立法會正常運作，由全國人大常委會任命現屆議員延任一年。公民黨楊岳橋、郭榮鏗、郭家麒及專業議政梁繼昌，因在參選立法會時受質疑是否擁護香港基本法和效忠香港特區，被選舉主任裁定提名無效，四人是否還有議員資格延任，成為輿論關注焦點。民主黨委託香港民意研究所就是否留任做民意調查，揚言按結果決定去留。民調結果出爐，攬炒派卻又聲稱因未達半數的授權門檻，去留將由各人作「政治決定」。一場「大龍鳳」過後，大部分攬炒派還是接受延任，繼續「拉布」癱瘓立法會。直到全國人大常委會就立法會議員資格問題作出「決定」，楊岳橋、郭家麒、郭榮鏗、梁繼昌四人經「依法認定」不符合擁護基本法和效忠特區即時喪失立法會議員資格，十五名攬炒派議員隨後宣佈「總辭」，非建制派只餘下醫學界陳沛然和「熱血公民」鄭松泰留任。時任政務司司長張建宗狠批反對派議員「總辭」是不智及不負責任的做法，他強調全國人大常委會的決定是針對涉及危害國家安全等行為，絕非容不下不同聲音、排除異己或政治打壓。

這一年，一法定乾坤，攬炒派陣營土崩瓦解，「港獨」勢力銷聲匿跡。香港國安法如一記「震撼彈」，對反中亂港分子構成巨大震懾：幕後推手或改口或封口，宣佈金盆洗手退出「江湖」;「港獨」組織出現「退黨」潮，「香港眾志」、「香港民族陣線」等宣告解散；許智峯、羅冠聰、梁頌恆等人畏罪潛逃海外。警方國安處以違反香港國安法、串謀欺詐及煽動罪拘捕壹傳媒創辦人黎智英，並對蘋果辦公大樓進行大規模蒐查搜證。黎智英在獲準保釋後又再被捕，遭加控一項「勾結外國或者境外勢力危害國家安全」罪，為香港國安法生效後首宗被控以該罪名案件，首度還押不準保釋。前「香港眾志」秘書長黃之鋒、主席林朗彥及骨幹周庭，因去年包圍灣仔警察總部，被控煽惑他人參與未經批准集結等三罪分別判囚。警方以「煽惑他人明知而參與未經批准集結」、「舉行或組織未經批准集結」及「明知而參與未經批准集結」等指控，上門拘捕民陣召集人陳皓桓、立法會前議員胡志偉及朱凱廸等八名攬炒派。此外，因散播「港獨」訊息，教育局取消一名小學教師註冊證照。事實證明，只要危害國家安全、損害國家和香港利益，都難逃依法懲處。

這一年，改革通識教育，回歸育人本位，如箭在弦。時任行政長官林鄭月娥發表任內第四份《施政報告》，在教育方面，她強調政府角色不只提供資源，更是政策制訂者、推行者及監管者。她重申學生須有守法意識，將設年度「憲法日」及「國家安全教育日」作公眾教育。同時要求教師培訓下一代成為才德兼備、維護「一國兩制」的國家棟樑，不得宣揚「港獨」或違法意識。至於高中通識科，她形容爭議從未停止，未來改革方向「必須糾正過去通識科被異化的問題」，除了培養思考及理性分析，亦要學習國家發展、憲法與基本法等。教育局回應指，局方早前已着手研究學校課程檢討專責小組的報告，以及考慮社會各界人士的意見，以落實通識教育科的未來路向。新華社發文指出：改革通識科是香港教育進行系統性正本清源、撥亂反正的重要一步，唯有通過刮骨療毒式的有力舉措，才能清除侵入香港教育肌體的各種病毒，避免心智尚未成熟的學生被人誘騙利用成為「政治炮灰」，才能逐步建立健全與「一國兩制」相適應的教育體系，培養出尊重國家、崇尚法治、懂得包容的現代社會負責任公民。

治亂：國安百姓安

2020 年，人類社會經歷了前所未有的公共衛生危機。對於香港而言，除了要直面新冠疫情的衝擊之外，還需正視修例風波延宕至今的破壞，令人不得不慨歎時運不濟、世道多艱。幸有祖國作為堅強後盾，在防疫抗疫和止暴制亂上給予指引與支援，令香港迎難而上，走出逆境。

對於當年形勢，李慧琼指香港作為外向型細小經濟體，主要受制於大國博弈和疫情持續兩大環境影響。在《亞洲週刊》專訪中，她曾經表示：過去一段時間，香港不幸成為中美博弈的戰場，雖然美國總統選舉有了初步結果，但不明朗因素仍持續影響世界大局。然而，無論誰人當上美國總統，大國博弈的格局都不會有甚麼根本性的變化。因為以美國為首的陣營，始終會用盡一切手段遏止中國的發展。而香港身處大國博弈的漩渦之中，難以獨善其身。

走在抗疫最前線

回想疫情爆發之初，全球對新冠病毒尚無清晰認知，再加上口罩等防疫物資嚴重緊缺，社會上瀰漫着惶恐、悲觀的情緒。李慧琼不無感慨地說，雖然民建聯只是非政府組織，卻始終站在防疫抗疫的最前線，從防疫物資募集到抗疫建言獻策，盡最大努力幫助廣大市民應對疫情挑戰，她為此深感驕傲。她回憶說，當年身邊亦有一些同事因送物資給患者而「中招」，自己內心不免十分忐忑，但同事們都克服對染疫的恐懼，堅守崗位為市民服務，令她十分感動。

在防疫抗疫的模式上，李慧琼直言民建聯支持內地呼吸系統專家鍾南山教授的建議，視全民檢測為較佳方法，並不認同歐美等國家採取自由放任形式。為助力特區政府打好防疫戰，民建聯提出不少建議，並獲政府採納，包括：補償受災行業及打工仔，派發消費券，推動社區普測計劃，增加社區檢測中心，政府帶頭開設更多臨時職位，提供誘因鼓勵商界參與紓緩失業問題等。她認為香港經濟要踏上復甦之路，首要是遏制疫情，再用好「一國兩制」優勢，進入內地的「內循環」和「雙循環」。但香港疫情一日未清零，一日就未能啟動與內地有序通關，經濟復甦難有曙光。在世紀疫情下，她呼籲政府突破思維，就紓困制定進一步措施，例如設立失業援助金，切實幫助開工不足乃至失業人士度過艱難時刻。

在風口浪尖之上

立法會選舉因疫情推遲，在新會期內務委員會、財務委員會的主席改選中，李慧琼、馬逢國連任內會正副主席，陳健波、陳振英連任財會正副主席。面對香港國安法的震懾，聲稱「延任是為抗爭」的攬炒派，未敢發起任何衝擊，只是藉濫用程序進行拖延阻撓。「拉布」自然未果，改選在四小時之內完成所有程序，徹底告別上一屆會期經歷十七次會議才艱難選出主席的鬧劇。

作為上一屆會期內會選舉的當事人，李慧琼曾經身處風口浪尖之上。當時，她競逐連任內會主席，為避嫌由副主席郭榮鏗主持選舉。孰料在攬炒派惡意「拉布」故意拖延之下，選舉工作舉步維艱，時隔半年新主席之位仍然付之闕如，最終不得不由立法會主席梁君彥直接任命陳健波主持選舉會議。攬炒派拉起黑布，衝擊主席台、襲擊保安人員，大搞「議會黑暴」，令會場混亂一度暫停。風波中，陳健波果斷驅逐多名反對派議員，李慧琼最終當選內會主席。回首這段往事，李慧琼形容，香港那個時候生了一場「好大的病」，「身體」亟需復原。市民和建制派都希望立法會工作順暢，履行基本法規定的職能，但反對派卻無所不用其極妄圖癱瘓議會。在新冠疫情尚未真正受控的社會情境下，如果立法會繼續內耗，必然將香港推向一個更加困難的境地。因此，她當時便明確表示，一定會按照議事規則賦予的權力，有序、公平地召開和主持會議，優先考慮處理積壓的議程，希望追回過去半年多流失的時間。

往事不堪回首

自修例風波發生以來，「港獨」組織和激進分離勢力公然叫囂「香港獨立」等口號，煽動無底線的攬炒，實施觸目驚心的暴力犯罪，甚至勾連境外勢力干預香港事務。在黑暴衝擊下，香港營商環境持續惡化，經濟出現十年來首次負增長，消費者信心指數創 2008 年國際金融危機以來最低值。少數亂港分子企圖攬炒香港，綁架七百五十萬港人利益，執意將香港逼向絕路。持續一年的社會動亂，更是令香港市民人人自危，終日生活在惶恐不安之中。

憶及那樣一段不堪回首的歲月，李慧琼感觸良多。作為建制派代表人物之一，她也曾深陷黑暴漩渦。曾幾何時，安全頭盔、勞工手套和滅火器是她私人座駕的必備車載物資，至於每一樣的具體用途，相信經歷過黑暴的香港市民完全可以不言自明。曾幾何時，她因為家庭住址被「起底」而面臨人身安全風險，在警方勸喻下緊急轉移，飽嘗有家歸不得的滋味。曾幾何時，她為確保家人安全，長時間不敢與家人一起出街，以致失去了許多寶貴的親情時光。曾幾何時，她遭遇被黑暴圍攻的驚險一幕，又在支持者的反圍攻之下成功脫身，經歷大起大落的劇情反轉。至於民建聯辦事處被破壞，成員被辱罵甚至被追打，更是那段日子的「家常便飯」。痛定思痛，李慧琼直言，安全才是所有一切的基礎。而事實也證明，只有國家安全得到保障，市民的人身安全才能得以保障。

一法定乾坤

面對社會危局，「香港各界撐國安立法聯合陣線」應運而生。聯合陣線由本港各大政團、地區組織、同鄉社團，工商界、專業界、勞工界、教育界、資訊科技界、演藝文體界、社福界及公務員、婦女、青年等團體和個人，以及駐港中資企業等自發組成，譚耀宗、譚錦球、李慧琼、吳秋北、葉劉淑儀、譚惠珠等十三人擔任召集人，發起人超過兩千位，支持團體及企業有近八百家。聯合陣線發起簽名行動，在全港各區設置街站收集市民簽名，同時展開網絡簽名活動，呼籲市民支持國安立法，保障國家安全，維護香港穩定。作為曾經的召集人之一，李慧琼表示，正是有見過去在香港發生了不少破壞「一國兩制」、挑戰國家主權的惡性事件，社會各界意識到訂立香港國安法有迫切的實際需要。成立聯合陣線的初心即在於：建立健全香港特區維護國家安全的法律制度和執行機制，在香港維護國家安全方面補齊短板、堵塞漏洞，止暴制亂，為社會和諧穩定與長治久安打下堅實基礎。她續稱，逾二百九十萬人參與簽名聯署，以實際行動支持國安立法，表達反「港獨」、反顛覆、反暴恐、反干預的強烈心聲，以及停止黑暴和攬炒，讓香港社會早日重回正軌的共同心願。對於社會上有不同聲音，她相信，只要特區政府在維護國家安全問題上有作為、能作為，就一定能夠掃除疑慮，恢復信心。

事實證明，一法安香江。伴隨着香港國安法的出台，困擾市民多時的街頭暴力幾近絕跡，社會回復平靜，香港逐步重回正軌，由亂向治。李慧琼、葉劉淑儀等四十一名建制派立法會議員發表聯合聲明表示，相關法律堵塞了香港在維護國家安全方面的漏洞，是社會穩定繁榮和市民安居樂業的重要保障，是香港前途的「定海神針」。聲明指出，香港國安法的制定在維護國家安全的必要前提下，兼顧了香港社會實際情況及法制特點，並賦予香港特區維護國家安全的執法和司法權責，充分體現中央對香港的信任和支持，有關立法也充分保障香港市民一直享有的權利和自由。並且呼籲香港社會各界人士全力支持法律實施，共同維護國家主權、安全和利益，維護香港繁榮穩定。

延期與留任

2020 年本是香港立法會換屆選舉之年。然而，在嚴峻的疫情之下，為了保障公共安全和市民健康，確保選舉在公開、公平情況下進行，行政長官會同行政會議決定將原定於本年舉行的立法會換屆選舉押後一年舉行。就現屆立法會任期即將結束而下屆立法會尚未產生的空缺問題，全國人大常委會作出權威性決定——第六屆立法會繼續履行職責，不少於一年，直至第七屆立法會任期開始為止。因此妥善解決了立法機關因押後選舉出現空缺的問題，既維護香港特區的憲制秩序和法治秩序，又能確保特區政府可以正常施政和社會正常運行。

對於全國人大常委會作出的決定，李慧琼表示尊重和理解。她認為，有關決定合憲、合法、合情、合理，為香港解決了立法會一年「真空期」的法律基礎問題，也是一個比較寬大的處理，反映全國人大希望減少政治爭拗，讓香港盡快聚焦防疫抗疫工作。她希望議員在繼續履行職能時，能夠做好行政機關和市民之間的「橋樑工作」。然而，理想很豐滿，現實卻很骨感。她當時即推斷反對派議員有很大機會留任，從政治操作的角度，繼續將議會作為對抗和表演的平台。旋即話鋒一轉，指縱使反對派繼續反對，卻也並不影響建制派守住議會的決心。作為建制力量，一定會想方設法頂住破壞香港、破壞立法會的攪炒勢力，有效應對極端激進行為。她相信，立法會的面貌能否有所改變，取決於社會對立法會的期望，以及議員之間的互動。疫情之下，香港失業率高企，不少企業處於生死存亡之際。香港的當務之急就是防疫抗疫，然後是重啓經濟，以及進行一系列深層次改革。她說：「我們會繼續在議會內做實事，解決市民水深火熱當中所面對的困難。」

李慧琼相信，押後選舉，也為改善選舉操作模式帶來契機，可以創造更公平、公正的選舉環境。在她看來，香港選舉安排基本停滯不前，在科技大爆炸的當下，派票和點票仍然使用人手操作，很多做法已經落後於時代。她建議政府利用這一年時間改革選舉操作模式，例如考慮應用電子派票和點票，設立「關愛隊」，完善相關選舉配套措施，以適應新時代發展。

巾幗不讓鬚眉

畢業於香港科技大學的李慧琼，為香港註冊會計師，現任香港四大會計師行之一的畢馬威會計師事務所顧問。她原本以財經專業作為自己的職涯規劃，然而世事難料，在她二十五歲時，命運之神為她開啟了一扇由會計界通往政界之門。

1999 年，在區議會選舉土瓜灣北選區，李慧琼陰錯陽差地由助選變成參選，並且一擊即中，擊敗爭取連任的港進聯候選人，成為當時香港最年輕的女性區議員，頗有無心插柳柳成蔭的意味。2004 年，民建聯創會主席曾鈺成親自向畢馬威主席「攞人」，邀請李慧琼加入民建聯，以名單第三位參加立法會九龍西地區直選。正值而立之年的李慧琼，明知一旦參選便等於放棄了日後在畢馬威升職的機會，最後仍然決定加入民建聯並參選立法會，自此真正走上從政之路。

在《亞洲週刊》專訪中，傳媒人謝悅漢曾經這樣寫道：如果她堅守會計崗位，相信以其聰明才智和努力，定必成為高級合伙人，不論收入和財富，相信遠比當個黨主席為高，但她選擇了崎嶇難行從政之路，經過二十一年磨練已成為資深政治人物。若無愛港愛國情懷和使命感，相信李慧琼很難頂得住工作壓力和港人對她的期望。她於多年前在一封給女兒的家書中，表示看到女兒健康快樂的成長，就令她有成就感，期望她看到民建聯茁壯和對政府建言發揮到影響力，令市民感受到政府的德政，相信會令她有更大成就感。

至於當年為何相中李慧琼？曾鈺成直指對方年輕、專業，富有親和力，而且女性形象能夠爭取更多選民支持。事實證明，曾鈺成慧眼識珠，李慧琼也果然不負眾望，從區議會到立法會和行政會議，她都得心應手，表現得游刃有餘。2015 年，她當選民建聯主席，成為民建聯歷史上首位女性主席。2023 年，她當選港區全國人大常委，成為香港有史以來最年輕的全國人大常委。

在接受中新網「港澳會客廳」欄目採訪時，她表示，能夠有幸當選全國人大常委，對她而言，既是非常光榮的任務，也肩負十分重要責任。她希望用好全國人大常委會平臺，努力發揮好全國人大常委的角色，一方面向香港各界講好人大故事及中國故事，另一方面對內地講好香港故事，擔當起香港與內地雙向溝通的橋樑。一年多來，她身體力行，一直在路上。

2020 特區政府施政十件大事

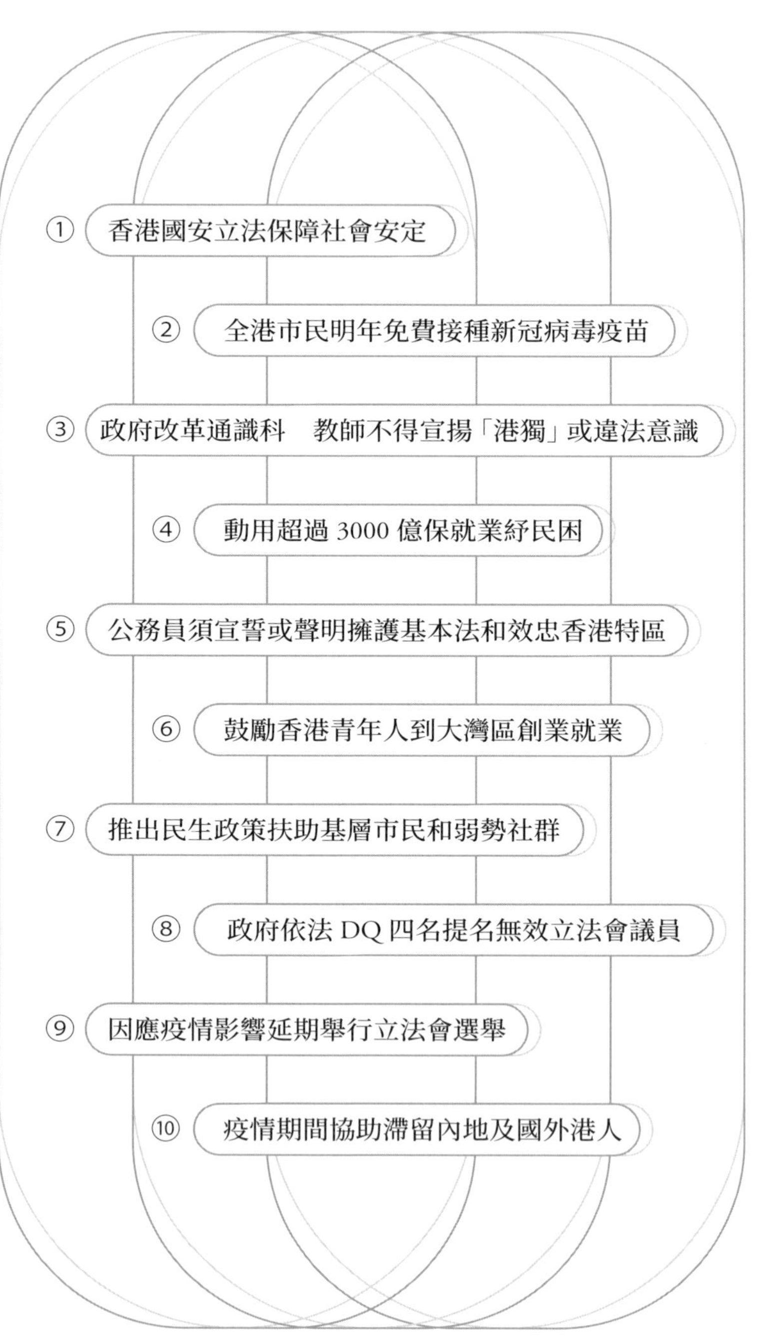

2020 香港商界最關注的十件大事

① 香港國安法實施　社會由亂向治

② 新冠疫情肆虐全球　香港 8800 多人染疫

③ 香港國安法顯威　國安處依法拘捕黎智英黃之鋒等人

④ 香港公務員須宣誓擁護基本法

⑤ 中央關心香港同胞生命安全　推援港抗疫三大項目

⑥ 香港經濟首現連續兩年負增長　失業率創 16 年新高

⑦ 港府推逾 3000 億防疫基金　巨資為國泰海洋公園救亡

⑧ 四名立法會議員被依法 DQ

⑨ 香港第七屆立法會選舉延期

⑩ 香港連續 25 年獲評全球最自由經濟體

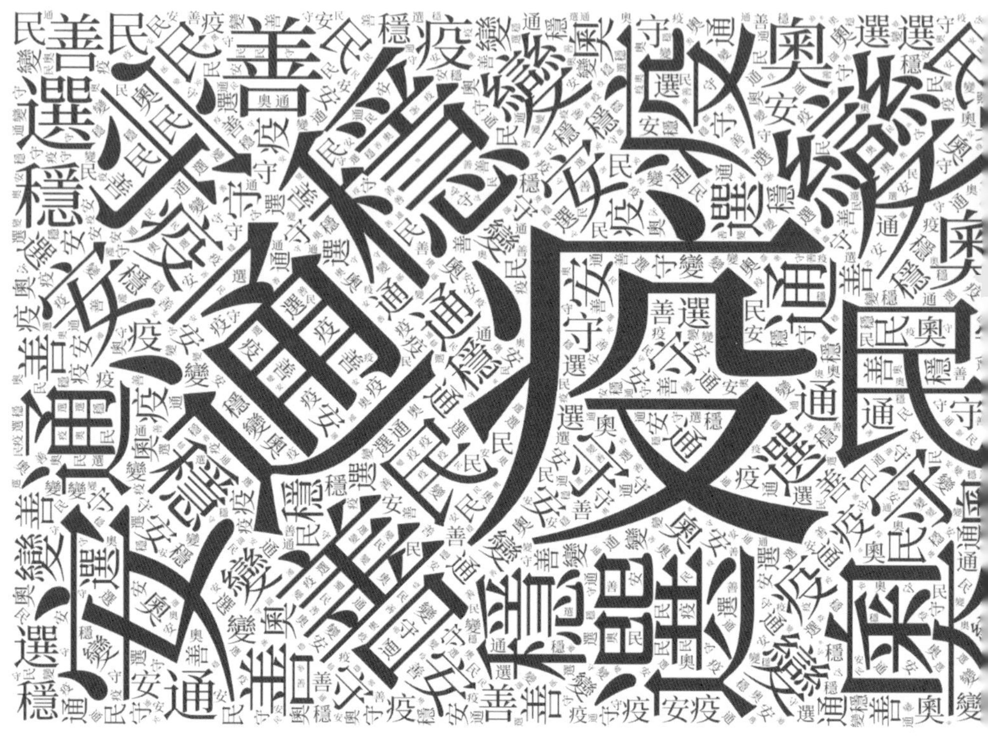

疫 yì 一ˋ　營隻切，入，昔韻，喻四。錫部。

㊀ 瘟疫，流行性急性傳染病的通稱。禮月令仲夏之月：「果實早成，民殃於疫。」漢書 刑法志：「諺曰：『鬻棺者欲歲之疫。』非憎人欲殺之，利在於人死也。」㊁ 疫鬼。古代迷信，以為癘役有鬼作祟。周禮夏官方相氏：「帥百隸而時難，以索室驅疫。」

（《辭源》）

民建聯舉辦第八屆「香港年度漢字」評選，「疫」字當選 2021 年「香港年度漢字」。

民建聯創會主席、香港特區立法會前主席曾鈺成表示，「疫」字在過去一年新聞報道中無可避免地出現最多，市民亦經常看見有關資訊，疫情持續兩年仍未受控，不少國家疫情嚴峻，令全球人員往來停滯及經濟活動癱瘓，「疫」字當選反映市民對疫情的關注。

曾鈺成解釋「疫」字的來源，指疫的部首「疒」本身與很多疾病都相關；「殳」的意思為長形的古代兵器，若以動詞來解說就是「殳以杸殊人也」，即是需要保持距離。他笑言，古人造字具有智慧，放在今日的社會，就是在疫情嚴峻時期，人們也需要保持社交距離，並呼籲市民繼續保持社交距離，做好防疫工作，盡快接種疫苗。

對於票數第二高的「通」字，立法會議員劉國勳表示，「通」意思是恢復兩地正常通關。在疫情困擾兩年，不少港人難以北上探望在內地的親人。劉國勳形容，恢復兩地正常通關是港人的第一大心願、頭等大事，希望可以盡快達到。

對於票數第三高的「穩」字，民建聯執委蕭煒忠表示，「穩」是反映市民感到社會回復穩定。自落實香港國安法及完善香港選舉制度後，黑暴不再在社區橫行，立法會也再無拉布，回復理性論政的局面。

2021 候選年度漢字

疫症、瘟疫，
急性、大規模及致命性的傳染病。

持續兩年的新冠肺炎疫情仍未受控，不少國家疫情仍然十分嚴峻，令全球人員往來及經濟活動癱瘓。

暢通、通關，
無阻礙，可以穿行的。

自疫情以來，本港與內地的人員往來幾乎隔絕，家庭團聚及商務活動大受影響，通關成了市民的最大心願。

安穩、平穩，
穩固不動搖，安全、安定。

自港區國安法實施後，國家安全得到有力的保護，本港社會亦由亂入治，恢復秩序及穩定。

安全、安心，
沒有危險，安心無憂。

政府推出的「安心出行」程式，讓市民收取有否確診者在相若時間到訪同一場所的訊息，外出倍加安心。

變化、變更，
改變，與原本的狀態不同。

今年世界各地出現了不同的變種新冠肺炎病毒，部分傳染力更強，令各地政府對抗疫情的工作更加吃力。

2021 候選年度漢字

守護，留守，
保持、保衛，維持原有狀態。

落實「一國兩制」，堅守基本法，才能保障香港長期繁榮穩定，港人生活方式不變，人人安居樂業。

完善、改善，
讓事情向好的方向發展或改變。

全國人民代表大會年初決定，修改及完善香港的選舉制度，落實愛國者治港，開啟香港良政善治的新篇章。

以民為本、民生，以勞動
群眾為主體的社會基本成員。

政府施政以民為本，竭力協助市民抗疫，解決各項經濟及社會問題，增加政府財政開支，照顧老幼。

奧運，
最高級別的國際綜合體育賽事。

在八月舉行的東京奧運會，本港健兒取得一金兩銀三銅的歷史佳績，全港市民為之振奮。

選拔、選舉，
根據公平原則挑出賢能之士。

完善選舉制度之後，本港分別在 9 月及 12 月順利舉行了選舉委員會及立法會選舉，開啟香港政治發展的新里程。

「疫」言難盡……

2021，香港這一年

2021 年的香港，繼續為新冠疫情所籠罩。在疫霾陰影下，特區政府進行全港總動員，「外防輸入、內防反彈」，大力呼籲全民接種疫苗，以期建立全民免疫屏障。置身恐慌與復常的中間年份，從「安心出行」、「圍封強檢」，到「疫苗氣泡」、「港康碼」，又怎一個「疫」字了得？

這一年，因着疫情的緣故，新春佳節的傳統打開方式不再。一直以來，大年初一黃大仙祠搶上頭注香，正年初二車公誕求籤轉運，都是一眾善信為新春祈福的傳統節目。然而，受疫情影響，開放近百年的黃大仙祠，首次破例取消公眾上頭炷香活動，改為直播「五行七星護香江」祈福儀式，試圖藉現代科技手段打破空間的限制。多年來以當年生肖造型搶上頭注香的資深藝人黃夏蕙，今年也只能無奈改期上香。沙田車公廟在新春期間亦實施嚴格的防疫措施，由沙田鄉事委員會主持的車公誕求籤活動，雖然仍由鄉紳代表為香港市民求籤，祈求車公指引，但不開放予公眾參與，只限受邀人士、工作人員及傳媒到訪。

這一年，新冠疫情持續肆虐，接種疫苗成為本港防疫抗疫的主流做法。政府推出「全城起動 快打疫苗」接種計劃，同時呼籲商界共同承擔提升疫苗接種率的社會責任。旨在鼓勵市民踴躍接種，商界各出奇謀施以「利誘」，競相舉行獎賞豐富的疫苗大抽獎，包羅豪宅、名車、足金等吸睛大獎，掀起全城打針抽獎熱潮。信和集團及華人置業聯合送出價值千萬的觀塘凱滙單位，可遠眺飛鵝山及獅子山靚景，徹底引燃港人置業夢，最終由任職廚師的李姓幸運兒一舉奪得終極大獎，首次榮升業主。伴隨着復必泰疫苗和科興疫苗相繼下調接種年齡門檻，接種疫苗不再只是成年人「專利」，有效提升了學生接種率，為進一步全面復課做好準備。多管齊下，全年疫苗接種率超過七成，近四百九十萬人已完成接種最少第一針疫苗。

這一年，「圍封強檢」成為防疫抗疫的新常態，考驗港人的責任感與適應力。舊樓劏房林立的佐敦一帶，首當其衝成為爆疫重災區。在公佈首宗新冠肺炎確診病例一週年之際，本港確診病例突破一萬宗，當局首次做出針對「廟街疫區」局部封區的決定。平日熙熙攘攘的彌敦道變得冷冷清清，儘管封區帶來諸多不便，但市民也都自覺配合。此後，政府汲取最初經驗教訓，采用「突襲式」封區，提高檢測效率，並為區內居民派發防疫食物包。為盡可能避免社區大規模爆疫，全年在港九新界進行封區檢測逾五十次。鑒於社區首現菲傭感染雙重變種病毒個案，為切斷外傭群組隱形傳播鏈，除已接種兩劑新冠疫苗並過十四天者豁免外，政府要求在港外傭必須於規定期限內接受強制檢測。

這一年，疫情反反覆覆，在「清零」與「破功」之間不斷拉扯。德爾塔 (Delta) 和奧密克戎 (Omicron) 變種病毒先後殺到，限聚令、口罩令等社交管制貫穿全年。政府還擴大「安心出行」強制使用範圍，將掃碼要求拓展至所有食肆、受防疫規例規管酒吧等處所，進一步提高疫情追蹤能力。相應地，以「疫苗氣泡」為基礎，政府逐步放寬限聚令，從延長食肆營業時間，到增加同枱食客人數，再到重開健身室、公園、美容院、酒吧、卡拉 OK 等處所，市民社交活動逐步回復正常。同時，政府回應市民與商界就跨境出行和人員往來的訴求，積極與新加坡商討重啓「航空旅遊氣泡」。

這一年，面對前所未有的疫情挑戰，特區政府持續提供防疫抗疫基金。由於本地無源頭病例長期存在，導致社會整體經濟活力下降，就業市場持續惡化，失業率和就業不足率不斷攀升，創沙士疫情以來新高。因應社會所需，支援受疫情重創的行業與市民，撐企業、保就業、紓民困，為經濟復甦提供助力。旨在刺激市民消費意欲，拉動經濟發展，政府還特別推出消費券計劃，向每位合資格成年香港居民，分期派發五千元電子消費券，預計可惠及約七百二十萬人，涉及三百六十億元財政開支。電子消費券透過四個電子支付平台發放，適用於本地零售、餐飲和服務業的實體和網上店鋪，在暢旺市道的同時，兼收推廣電子支付之效。為了吸引市民消費，不少商戶還競相推出各種「加碼」優惠，令市民的消費熱情進一步升溫，一掃市場低迷之氣。

這一年，在經歷近兩年的疫情分隔之後，「通關」變身年度熱詞。無論於公於私，早日跨過深圳河，都成為港人日思夜想的盼望。特區政府團隊與內地相關單位啟動多輪磋商，三次對接會議，四種防疫標準修訂，一次內地專家團來港視察，無不滿載着港人熱切的「通關」期冀。「港康碼」推出首兩日，申請即告突破三十萬大關。

這一年，港區國安法實施一年，特區政府依法懲治危害國家安全罪行。香港警方依法對蘋果日報有限公司等三家公司，及《蘋果日報》五名董事採取執法行動。《蘋果日報》停刊結業，壹傳媒清盤。黎智英涉違國安法案提訊，在被控勾結外國或境外勢力危害國家安全等三罪基礎上，再被加控一項印製煽動刊物罪，案件押後再訊，最高可囚終身。年內有近五十個社團先後解散，包括「職工盟」、「教協」、「支聯會」、「民陣」等，多名主要人員被捕。

這一年，香港完善選舉制度，落實「愛國者治港」。第十三屆全國人大四次會議高票通過關於完善香港特別行政區選舉制度的決定，有效堵塞選舉漏洞，將過去幾年香港政治亂象撥亂反正，重回正軌。完善選舉制度後的首場選委會選舉和首次立法會選舉先後順利舉行，產生兼容選舉委員會、功能界別與地區直選的九十個議席，對發展符合香港實際情況的民主制度，重新塑造香港特區「良政善治」新格局，產生重要影響，亦標誌着香港在新選舉制度中邁出重要一步。此外，隨着《2021 年公職（參選及任職）（雜項修訂）條例》正式刊憲生效，區議員必須宣誓擁護基本法及效忠香港特區，在憲制層面終結區會亂象。

這一年，全長五十六公里的屯馬綫全綫通車，成為全港最長鐵路綫。貫通九龍及新界東西的屯馬綫終於正式開通，吸引過百鐵路迷通宵等坐頭班車。自此，由紅磡到鑽石山只需十二分鐘車程，進一步提升了香港鐵路交通便捷度。在全線二十七個車站中，尤以土瓜灣站和宋皇臺站兩個新站最受矚目。新站正式投入服務當日，即吸引大批市民專程到場見證歷史時刻。新鐵路綫為舊區帶來新氣象，九龍城區變身「小旺角」，為飽受疫情之苦的區內商戶尤其是食肆帶來新商機。

這一年，月壤入港引爆航天熱潮，港生與航天員進行「天地對話」。「時代精神耀香江」之百年中國科學家主題展在灣仔會展中心舉行，「嫦娥五號」月球探測器從月球帶回地球的月壤等珍貴展品，吸引大批市民一早排隊，只為近距離一睹月壤真容。「太空出差三人組」——神舟十二號航天員聶海勝、劉伯明和湯洪波，與香港學生代表實時「天地對話」，精彩問答和現場演示，贏得全場熱烈掌聲。

這一年，位於西九文化區的 M+ 博物館正式開幕，首日便吸引超過一萬六千人入場。面積六萬五千平方米的 M+ 博物館，作為全球最大現代與當代視覺文化博物館之一，耗資四十九億元興建，收藏了近八千件來自世界各地的精品，涵蓋建築設計、流動影像及視覺藝術。旨在推廣現當代視覺文化藝術，所有訪客均可於 M+ 博物館開幕第一年預約免費入場參觀。

這一年，不同的戲院遭遇或迎接不同的命運。各大戲院經歷數月停業後，突然傳出服務香港市民三十六載的 UA 戲院結業的消息。在港人的錯愕與遺憾中，作為香港首家引入全自動化放映系統及迷你化戲院設計的 UA 戲院，全港六間院線無奈「光影落幕」。而落成於 1952 年，作為香港碩果僅存歷史最悠久的皇都戲院，卻意外在結業二十餘年後重獲新生。新世界宣佈啟動保留並修復整個戲院建築的保育計劃，旨在使之成為香港下一代的文化綠洲。在動工前，還特別舉辦「尋找你我他的皇都」活動，陪伴港人重溫老香港的舊日情懷。

這一年，本港運動員在國際大型體育賽事中捷報頻傳，振奮人心。中國香港代表團揚威東京奧運，勇奪奧運一金二銀三銅、殘奧二銀三銅，晉身奧運獎牌榜五十強，創下歷屆奧運最佳戰績，締造香港體壇歷史。「少年劍神」張家朗在男子個人花劍決賽中率先奪冠，斬獲回歸後香港首面奧運金牌；「混魚女飛魚」何詩蓓連摘兩銀，將一百米及二百米自由泳銀牌納入囊中；杜凱琹、李皓晴、蘇慧音獲女子乒乓團體銅牌；「空手道女神」劉慕裳獲空手道個人形銅牌；「牛下女車神」李慧詩獲場地單車女子爭先賽銅牌。內地奧運健兒訪港，進一步延續奧運狂熱。此外，因疫情停辦一屆的「渣打馬拉松」再次開跑，停辦兩年的「新世界維港泳」亦再次開賽。

同心：疫下有情天

2021 年，肆虐逾年的新冠病毒，依然在全球蔓延，重創經濟民生，已經演變成全球最大的公共衞生危機。本港疫情雖然開始進入平緩階段，「清零」不時報佳音，卻也總是於勝利在望之際遭遇「破功」的挫折。這一年，在「清零」與「破功」的不斷拉扯中，全港市民都好似坐過山車，心情隨疫情數字的升降而大起大落。從德爾塔到奧密克戎，變種病毒的出現，更是令復甦前景再添陰霾。

對於曾經困擾香港三年之久的新冠疫情，2021 年正處於中間一年，從疫情元年的驚慌無措，到疫情末年的駕輕就熟，可以說承前啟後，見證了全民防疫抗疫前仆後繼的巨大努力。毋庸置疑，在這場幾乎史無前例的世界級抗疫大作戰中，每個人都是英雄。因為有愛，即使疫霾圍城，也總會再見艷陽天。

工程師議員的抗疫戰記

與陳恒鑌議員聊起他的2021，話題自然繞不過一個「疫」字。回首2021，對於當年的疫苗接種、「安心出行」，以及各種通關努力，他依然記憶猶新。對於陳恒鑌而言，帶領團隊防疫抗疫的三年，早已成為生命中不可磨滅且難以分割的記憶，以致於他不時會在聊天過程中因年份問題而短暫糾結。日復一日的抗疫日常，總是在上午派發防疫物資、下午受理查詢個案、夜晚打包防疫套裝的忙碌中度過。若果遇到圍封強檢等突發事件，則還要兼顧諸多大事小情，例如向受影響居民解說有關安排，協助維持檢測現場秩序，代居民採買食物與藥品等必需品，與政府有關部門溝通協調解決各種衍生問題，甚至為舉家異址隔離的居民保管家門鑰匙、跟進家居消毒，更是忙得不可開交。

自幼對科學着迷，曾經夢想長大成為科學家的陳恒鑌，當年毫無懸念地入讀了香港科技大學。而機械工程和材料工程的工程學業背景，竟在新冠疫情期間，讓身為立法會議員的他扮演了額外的工程師角色。從民建聯第一台口罩機的組裝與投產，到染疫舊樓的天台管道安全排查，再到安老院舍「流動方艙」的研發與應用，他都不辱出身工程界的原生使命。在疫情重創安老院之際，陳恒鑌與民建聯專業事務委員會的黨友一起構思，與香港科學園一家本地科創公司共同研發出可在安老院臨時搭建的「流動方艙」負壓隔離裝置，讓不幸染疫的院舍長者可在地等候適切治療，為遏制院舍進一步大規模爆疫發揮了一定作用。

打針，幾家歡樂幾家愁

面對突如其來的新冠疫情，在看不見硝烟的戰場上，圍繞疫苗的研發、試驗、生產及期待，幾乎貫穿了 2020 年全年。經過一年與時間賽跑、同生命競渡的較量，踏入 2021 年，全球已經有約四十個國家宣佈啟動或即將啟動新冠疫苗接種計劃。在病例激增和病毒變異的嚴峻形勢下，這無異於「隧道盡頭的光芒」，為終結這場世紀疫病，點燃讓世界重回正軌的希望。

基於疫苗生產速度遠不及需求增速的全球疫苗缺口，英國《經濟學人》雜誌曾經預測疫苗爭奪戰將成為 2021 年備受矚目的全球大趨勢之一。高昂的生產和使用成本，造成許多發展中國家用不起疫苗，即使發達國家內部疫苗分配也存在不均衡情況。在疫苗分配領域，「疫苗民族主義」極有可能成為橫亙在發達國家和發展中國家之間的一道鴻溝。

與不少發展中國家只能望「苗」興嘆相比，背靠祖國、面向世界的香港，在獲取疫苗上無疑具有得天獨厚的優勢，躋身全球較早開始注射新冠疫苗地區前列。2 月 19 日，首批一百萬劑由內地研發和生產的科興疫苗，由北京運抵香港，標誌着本港應對新冠疫情進入新階段。公務員事務局局長聶德權和食物及衞生局局長陳肇始等到香港國際機場迎接首批疫苗。政府發言人表示：「疫苗接種為全球帶來希望，也為控制疫情、恢復正常生活帶來曙光。在全球疫苗需求龐大和供應緊張的情況下，科興疫苗能夠快速和順利地運抵香港，讓香港啓動新冠疫苗接種計劃，盡早安排市民接種，以減低病毒在社區的傳播。我們感謝中央政府和國家衞生部門的支持。」特區政府隨即啟動新冠疫苗接種計劃。面向特定群組，屬優先接種疫苗組別的市民，可優先在網上免費預約，於率先啟用的五間社區疫苗接種中心及醫管局普通科門診接種疫苗，之後便推及全港市民。

然而，疫苗的作用終究還是取決於其效力、產能和供應鏈，以及民眾的接種意願。事實上，在疫苗問世之初，針對疫苗效力的「疫苗接種遲疑」現象普遍存在，不同國家和地區民眾對新冠疫苗的接受度有着巨大差異。反觀香港，在疫苗供應相對充足的情況下，最初的接種率亦屬相對偏低。不少市民對疫苗接種持猶豫、觀望態度，甚至擔心接種疫苗產生不良反應，不願「以身試險」，因而抗拒接種，以致接種人數未如理想，距離形成全民免疫屏障相去甚遠。

在疫苗與病毒冰火共存的世界中，作為染疫高危人群的長者，更是長期處於疫苗低接種率區間。根據香港浸會大學

「助減香港市民疫苗猶豫研究計劃」電話調查，不少長者出於年紀大、身體差、有長期病患等考慮，自認為不適合接種疫苗，或者擔心疫苗的安全性、副作用和後遺症，因而對接種疫苗卻步。事實上，在疫情相對較輕，對自身生命即時威脅相對較低的情況下，長者對疫苗的懷疑情緒相對較高，亦是造成疫苗接種率不及預期的原因之一。

有見及此，主責疫苗接種計劃的公務員事務局局長聶德權表示，全球疫情仍非常嚴峻，加上變異病毒傳播力強，香港須繼續努力提升疫苗接種率，基本上是能夠接種疫苗的市民均應接種。為此，商界祭出殺手鐧，以豪宅、名車等大抽獎「谷針」，政府亦煞費苦心，進一步加強打針與出行、通關的政策設計。全城掀起打針潮，正所謂「護己護人，齊打疫苗」。

早在疫苗接種計劃之初，陳恒鑌便意識到把握先機之重要，他呼籲政府必須妥善進行籌備，按照「早準備、早統籌、早公佈」的原則，盡快完成覓接種場地、安排物流運輸、招募工作人員等工作。他直指本港最初接種計劃的成效並不理想，希望政府在接種疫苗措施上「行多幾步」，並且擴大疫苗接種範圍。針對有部分市民擔心疫苗安全性的情況，他認為，港府有責任作出回應，以避免市民的擔心演變成憂慮或誤解，或被人利用作過度渲染甚或造謠抹黑。就部分市民擔心身體狀況是否適合打針，他建議政府可提供免費醫療諮詢供市民查詢，以及在包括離島區在內的更多偏遠地區設置流動注射站。至於他和家人，則一早就接種了科興疫苗，他相信國家的疫苗性質更加溫和，也更加適合東方人體質。而全民接種疫苗實現群體免疫，正是當時保護市民健康、控制疫情擴散的有效辦法。

掃碼，安心出行莫頭痕

提及 2021 年，相信港人一定不會忘記「安心出行」。為全面、及時掌握疫情狀況，在出現確診個案時及早截斷病毒傳播鏈，特區政府規定自 11 月起，除獲豁免人士外，市民須使用「安心出行」流動應用程式掃描場所二維碼，方可獲准進入政府大樓和辦公處所。有關安排適用於政府辦事處，以及政府轄下的公眾街市、小販市場、熟食市場室內設施，社區會堂和社區中心，公立醫院、診所和健康中心，博物館、圖書館和表演場地，以及體育館等室內體育處和運動場等戶外體育處所。到了 12 月，又進一步放大招，強制進入食肆等指定處所須使用「安心出行」。一時之間，幾乎無處不在的「安心出行」，成為了疫情下的新常態，深刻地改變着人們的生活方式。

對於「手機族」而言，掃碼出行或許只是增加了一道電子登錄程序而有所不便，但對於智能化儲備不足的年邁長者，掃碼出行卻好似一道難以逾越的數字鴻溝。不少長者因不懂使用智能手機，或不懂使用「安心出行」程式，或嫌手寫個人資料太過麻煩而苦不堪言。不僅如此，在進入街市等人流密集的處所時，多人排隊掃描「安心出行」或填寫資料，也會造成入口大排長龍，影響出入，導致商販和街坊等持份者頗有微言。

陳恒鑌便收到過不少長者投訴。他憶及有一位老友記康叔，已年屆八十，自從強制出入政府處所須使用「安心出行」後，便再無去公共街市買菜。其實，康叔並非「頑固不化」，但任憑經過許多次的嘗試，卻始終無法學會使用智能手機。鑒於不少長者因為手續過於煩瑣而無奈轉到食環署轄下街市以外的地方購物，令日常生活大受影響，陳恒鑌更加堅信唯有跨越數字鴻溝，方可安心出行。

陳恒鑌率先在臉書為長者發聲，促請政府盡快落實手續簡便、不涉高科技的「安心出行」解決方案。提議向有實際需要人士配發個人專屬的實體二維碼，並在政府處所設置掃描器，加派人手現場協助，讓不懂使用手機程式的市民可以快速掃碼進入處所，在做好記錄確保有效追蹤疫情的同時，盡量避免對長者日常生活構成壓力，甚至造成不必要的滋擾。而有關安排亦可考慮逐步擴展至商場等非政府處所。他更請師傅譚耀宗出山，現身說法錄製「安心出行頭都痕」短視頻，針對老友記入街市既要開機又要掃碼的頭痕難題，呼籲政府特事特辦，出台實體個人二維碼，為長者等提供支援，兼收方便出行與防疫追蹤之效。

陳恒鑌還和劉國勳聯同街市販商代表召開新聞發布會，

就長者困難和商販生計，呼籲當局改善「安心出行」。他表示「安心出行」措施無疑有其實際需要，但對部分不識字或不熟識智能電話操作的長者來說，卻是一條難以逾越的數碼鴻溝。要求政府利用現有長生津貼或長者卡聯絡人資料，為有需要市民提供實體個人「安心出行」二維碼，以方便長者「逆向掃描」，拍卡進出政府處所，並為未來通關做好準備。同時，便利市民出入街市，解決因新措施而生意下跌的問題，保障全港食環署街市商販的生計。他強調有關安排並不複雜，屆時長者無論有無智能手機，都可使用「安心出行」。

通關，咫尺不必再天涯

新冠疫情持續，澳門一早已經同內地實現通關，香港卻遲遲未能與內地達成通關協議。受疫情影響，香港與內地來往受限，工作、求學、旅遊、營商、親友團聚等無不因此受阻。與內地互聯互通，恢復正常通關，成為全港市民日思夜盼的頭等大事。期間，陳恒鑌便接獲不少市民求助個案，指因奔喪、照顧瀕危老病或處理緊急公務等，希望申請豁免隔離檢疫，但卻苦無門路。有見及此，陳恒鑌主動發聲，聯合黨友發起「爭取通關意向聯署大行動」，透過網上聯署、落區收集簽名，凝聚民意共識，促請政府多方面尋找突破，為通關時間表提速。聯署人士需承諾支持落實「通關碼」，接種疫苗，嚴守防疫措施，與內地聯防聯控等，讓政府更有信心推出措施，早日落實正常通關。

陳恒鑌說，不少家庭分隔兩地，雖然只是一河之隔，但兩地距離竟是十四天甚至二十一天的路程。有街坊的至親在內地病危，經過隔離之後，已無法趕及見至親最後一面，甚至連父母去世都無法奔喪盡孝，以致悲痛不已，抱憾終生；有夫妻分隔兩地，兩年無法見面，幼子從每天哭鬧找爸爸，到對爸爸感覺陌生；有公司因兩地業務阻隔、客戶流失而面臨倒閉破產……當談及骨肉分離的故事，他的神情亦變得黯然。

陳恒鑌坦言，為防變種病毒蔓延，抗疫政策宜緊不宜鬆，但法外可以留情，考慮開通「恩恤氣泡」，讓有緊急需要的市民有渠道申請免隔離檢疫，以解燃眉之急，也是情理之中。對於市民求助，從最初的愛莫能助，到後來的愛亦能助，他欣慰終於能夠幫到手。其中一宗個案，特別令他唏噓不已。那是一個寄養在內地的香港幼童，因貪玩不小心被窗簾繩索套頸，送院急救已經危在旦夕。身處香港的父母心急如焚，在其幫助下，獲安排免隔離來到幼子病床前，趕及見到愛子最後一面。因疫情造成的人間至痛悲劇，總是不時上演，反襯人類的渺小與無奈，亦見證人性的光輝。

疫症無情，人間有愛

在會面過程中，陳恒鑌不止一次提及他的團隊。受修例風波區選大敗影響，當時民建聯只有非常有限的地區議員辦事處。抗疫團隊的主要成員都是來自社區主任、幹事乃至義工，真實上演一幕幕不在其位卻謀其政的戲碼。「面對疫情，我們的團隊不但沒有一個人退縮，反而主動衝在抗疫第一線。有兩位同事都是在疫情期間榮升父母，每晚回家都要做足清潔消毒功夫才敢進門，以盡可能減低傳染病毒給嬰兒的風險，但他們同樣無懼無畏，一直堅守在抗疫最前線。有年輕同事從小到大都未買過餸，第一次買便是幫強檢居民買，他雞手鴨腳地從街市採買一應果蔬後，再拉着推車上坡派送，自言上了人生中寶貴的一課。」

回望那漫長得恍若看不到盡頭的疫中歲月，陳恒鑌感觸最深的便是疫症雖無情，人間卻有愛，香港人總是守望相助，渡過難關。他憶述，「當時民建聯開設了不同地區的緊急援助群組，隨時接收居民求助個案。團隊的每一個人都是快遞員，很多時候都是自掏腰包幫人，當我們將急需品送到門口，以短訊通知取貨時，總是收到居民的感謝回覆。那一句『多謝』非常暖心，讓我們堅信：能夠幫到有需要的人，所有的付出都是值得的。」而社會各界的愛心捐贈，更是透過社區網絡不間斷送到居民手中，成為全民防疫抗疫的堅強後盾。

當被問及疫情期間每天置身高風險染疫前線，如何與家人相處，陳恒鑌的眼神再一次黯然。由於女兒年幼，他曾經因為擔心病毒傳染而不敢回家，有相當長一段時間都是借住朋友家，也因此錯失了許多親子時光，少了許多對女兒的陪伴。當被問及自己的中招經歷時，氣氛才得以緩和。原來，他雖然長期衝在抗疫最前線，每日與病毒埋身肉搏，迄今卻尚未罹患新冠！對於如此不可思議的劇情反轉，他笑言可能正是與病毒接觸得多，反而生成免疫抗體，以致百毒不侵。還故作神秘地分享他的防疫偏方、出街必備——藿香正氣水，令人忍俊不禁。

兩個半小時的對談，始終圍繞防疫抗疫展開。疫中情境，如昨日重現，歷歷在目，卻又有一種恍若隔世之感。人生不易，疫中猶艱，幸人間有情、有義、有愛，在幾百年不遇的疫情面前，彼此守望相助，共渡難關。致敬疫情中每一位無名英雄，即使生而平凡，卻表現出不平凡。

他的光榮與夢想

2022 年，既是防疫抗疫之年，也是完善選舉制度後的首次立法會換屆選舉之年。陳恒鑌正是地區直選的其中一員。這一年，他以「革新・向前・創未來」作為參選口號，強調破除陋習、不食老本，主張以新方式解決新問題，出戰新界西南選區，並以逾八萬三千三百票高票當選。作為資深的三屆立法會議員，他一直默默耕耘、從善如流，為成就港人安居樂業的理想鍥而不捨，與香港同步向前。他坦言，國安法及完善選舉制度令香港進入新時代，開啟良治善政新篇，自己及團隊有幸參與創建香港更加美好的未來，感到無比光榮。

2021 特區政府施政十件大事

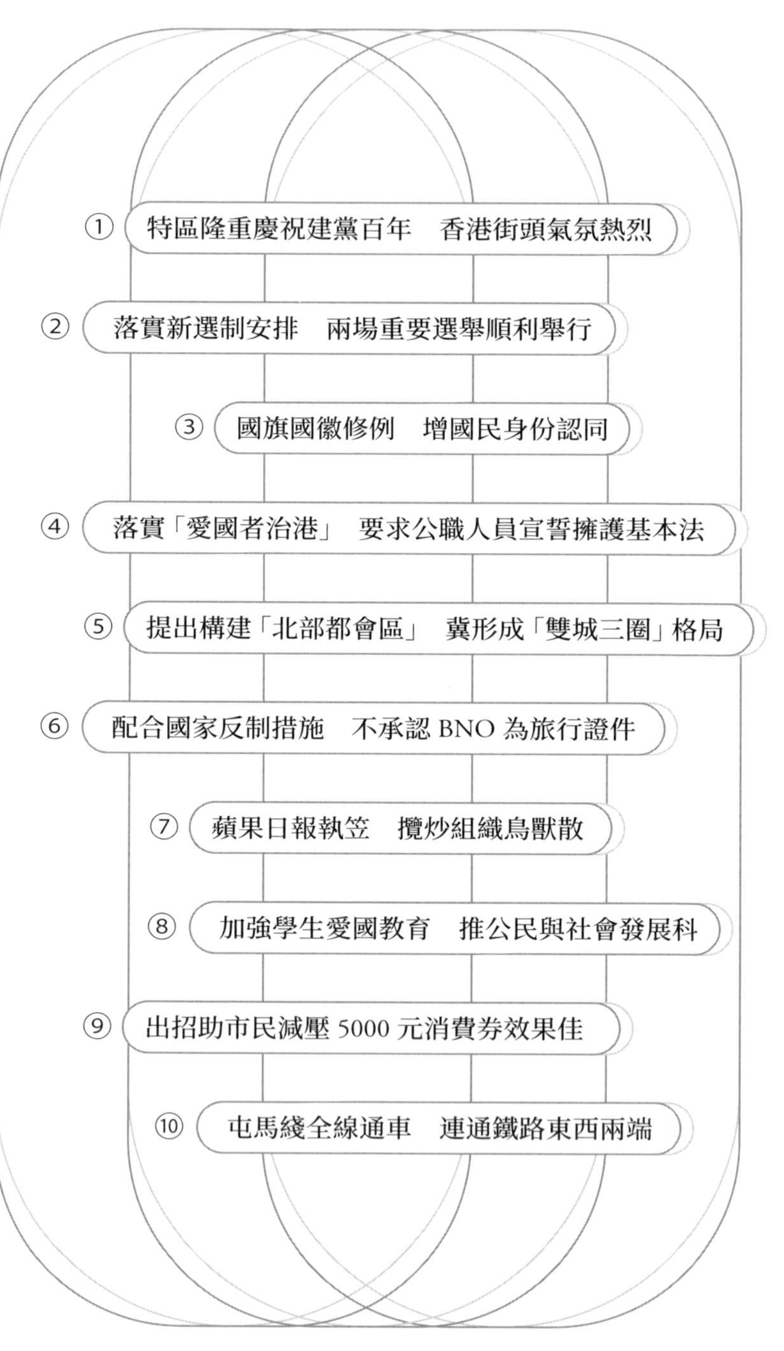

2021 香港商界最關注的十件大事

① 全國人大通過決定　完善香港選舉制度

② 兩場重要選舉順利舉行　落實「愛國者治港」

③ 新冠疫情踏入第二年　多種變種病毒肆虐

④ 國安法實施第二年　香港由亂及治獲鞏固

⑤ 港府推電子消費券計劃　兼推廣電子支付

⑥ 中共成立 100 週年　習近平宣告全面建成小康社會

⑦ 東奧延後一年終舉辦　港隊連獲佳績

⑧ 林鄭施政報告「北部都會區」令人矚目

⑨ 中國載人航天取得新突破

⑩ 「債券通」南向通　跨境理財通開通

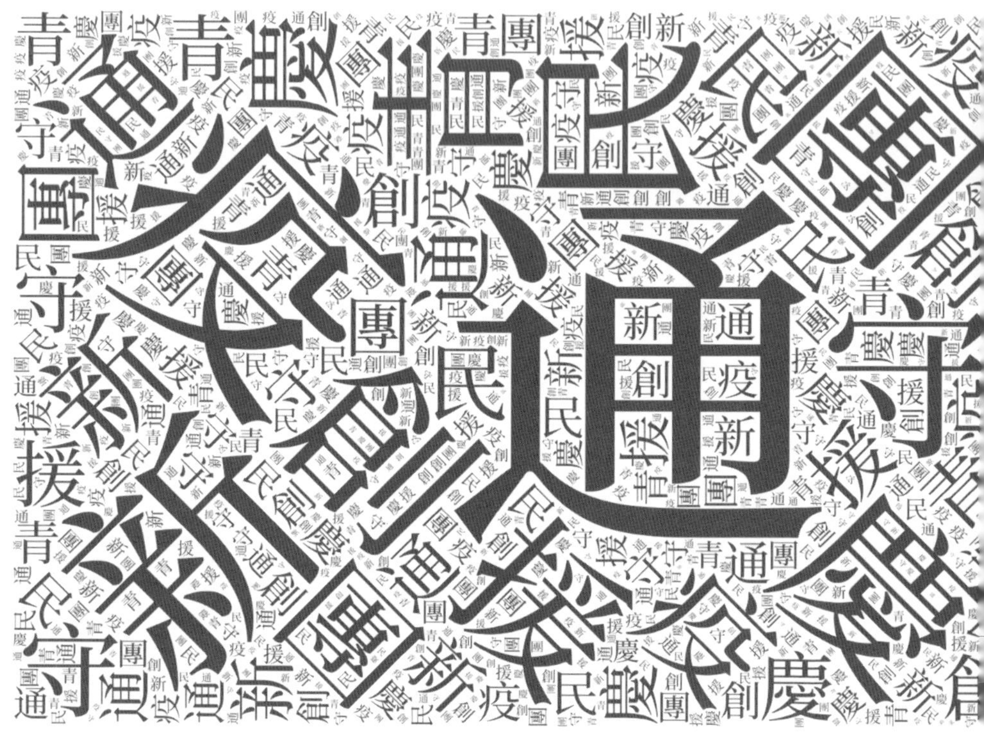

通 tōng ㄊㄨㄥ 他紅切，平，東韻，透。東部。

㊀ 到達。國語晉二：「道遠難通，望大難走。」㊁ 暢通。易繫辭上：「一闔一闢謂之變，往來不窮謂之通。」㊂ 流通，交換。荀子儒效：「通財貨，相美惡，辯貴賤，君子不如賈人。」又王制：「通流財物粟米無有滯留，使相歸移也。」㊃ 通報，傳達。史記七十張儀傳：「上謁求見蘇秦。蘇秦乃誡門下人不為通。」㊄ 陳述。漢書七五夏侯勝傳：「朝廷每有大議，上知勝素直，謂曰：『先生通正言，無懲前事。』」注：「通，謂陳道之也。」㊅ 通曉，博識。易繫辭上：「曲成萬物而不遺，通乎晝夜之道而知。」疏：「通曉於幽明之道而無事不知也。」參見「不通㊁」。㊆ 往來交好。左傳隱元年：「惠公之季年，敗宋師于黃，公立而求成焉。九月，及宋人盟于宿，始通也。」……

（《辭源》）

民建聯舉辦第九屆「香港年度漢字」評選，「通」字當選 2022 年「香港年度漢字」。

評審委員會對「通」字的釋義為「無阻礙，可以穿行的」。而「通」字代表的社會事件為新冠疫情中，本港與內地人員往來幾乎隔絕，家庭團聚及商務活動大受影響，市民都期盼能盡快通關。

民建聯創會主席、立法會前主席曾鈺成解釋「通」字的來源，指通的部首「辶」本身與走動、行走相關，「甬」字是聲部，組合成「通」字，有可到達之意。他指「通」對香港十分重要，國家主席習近平說香港得天獨厚的優勢在於「背靠祖國，聯通世界」，因此大家都盼望盡快消除疫情阻隔，恢復與內地及海外的交往聯繫。他表示，特區政府宣佈正採取積極措施恢復與內地通關，「通」成為年度漢字是「不令人感到意外」及「合時宜」。

對於票數三甲「通」、「疫」、「新」，立法會議員、時任民建聯宣傳及公關委員會主席劉國勳表示，位居三甲的年度漢字，是對 2022 年的好總結，即「疫情過去」、「通關」、「新政府有新作為，帶領市民迎接新篇章」，也是對 2023 年的好盼望，希望來年可以願望成真。

2022 候選年度漢字

暢通、通關，
無阻礙，可以穿行的。

自新冠疫情以來，本港與內地人員往來幾乎隔絕，家庭團聚及商務活動大受影響，市民都期盼能盡快通關。

疫症、瘟疫，
急性、大規模及致命性的傳染病。

持續三年的新冠疫情仍未受控之際，世衞又宣佈猴痘為國際公共衞生緊急事件，疫症陰霾繼續籠罩世界。

革新、新的，剛開始，
革除舊的而成為新的。

第六屆特區政府宣誓就任，社會各界期盼新一屆政府團隊帶領香港開創良政善治新局面，實現新飛躍。

團結、團隊，
匯聚不同力量，向共同目標進發。

香港社會過去因紛爭不斷，發展裹足不前。特區政府團結社會各界，是未來五年香港由治及興的關鍵。

慶祝、慶賀，
普天同慶，值得慶賀的事情。

今年是香港特別行政區成立二十五週年，民建聯成立三十週年，慶祝活動浪接浪，市民共享喜悅。

2022候選年度漢字

以民為本、民生，
以勞動群眾為主體的社會基本成員。

政府施政以民為本，竭力協助市民抗疫，解決各項經濟及社會問題，增加政府財政開支，照顧老幼。

創新、開創，
初始建立，前所未有，獨特。

國家「十四五」規劃支持香港建立國際創新科技中心，國家的支持，配合香港本身科研基礎，香港定能創出新天。

守護、堅守，
保持、保衛，維持原有狀態。

「一國兩制」是好制度，沒有任何理由改變。準確落實，堅守「一國兩制」是維護香港繁榮穩定的最好安排。

支援、援助，
幫助，在危難時施以援手。

香港第五波新冠疫情迅速惡化，新增病例急升，中央在香港最危急時刻，為香港提供全面支援，穩定大局。

青年、青春，
年紀輕，富有朝氣及夢想，敢於創新。

「青年興，則香港興；青年發展，則香港發展；青年有未來，則香港有未來」。傾聽青年聲音對謀劃未來至為重要。

通力協作

2022，香港這一年

2022年的香港，經歷第五波疫情大爆發，從年初的確診個案逾兩百萬宗，死亡人數過萬，醫療系統超負荷運轉，到年底的確診數字大幅回落，防疫措施逐步放寬，開啟社會復常之路，疫情跌宕起伏，所幸最終峰迴路轉、柳暗花明。這一年，在中央政府的全力支援下，全港市民守望相助，勠力同心抗擊疫情。在回歸二十五週年之際，走出最艱險的第五波疫情困境，迎接不「疫」樂乎的明天。

這一年，新年伊始，香港便要迎戰第五波疫情高峰。傳播力極強的奧密克戎變異病毒株導致社區出現大量確診病人，本港單日新增確診宗數由近千宗急升至逾萬宗，最高峰時期，每日新增確診個案破七萬宗，曾有約一千五百人於同一日在急症室等候入院，部分患者送院時情況危急，令公營醫療系統大受衝擊，陷入前所未見的困境。時值一年中最寒冷的日子，有病患因病床不足不得不在醫院外露宿就診，甚至有醫院因死亡人數劇增造成殮房爆滿，令人既震驚又唏噓。

第五波疫情無疑是香港三年疫情中持續時間最久、對醫療系統衝擊最巨、對經濟民生考驗最大的一波。第五波疫情來勢洶洶，在「全城禁足」的流言四起之下，大批市民蜂湧至超市、百貨公司、街市和藥店，非理性搶購雜貨糧油、藥品和檢測試劑盒。連鎖超市和藥店出現斷貨潮，不得不實行限購，以應對搶購潮。為此，中央緊急開闢水上物資供應航線，開通鐵路援港班列，滿載抗疫物資及日常生活用品，全力保障跨境供港物資運力。中央還派出重症、防控等多批專家組及醫護團隊赴港，應特區政府請求，委託施工團隊建設社區隔離設施和方艙醫院，在疫情最危急的關頭，提供全方位支援，毫無保留地幫助香港穩控疫情。當疫情步入下降通道，香港市民也逐漸形成心理免疫，面對三位數甚至四位數的確診數字已不再恐慌，以居家自癒或定點隔離從容應對。隨着疫情受控，特區政府先後解除安心出行、「黃碼」、限聚令、入境強制核酸檢測和疫苗通行證等防疫措施，為社會復常按下啟動鍵。

這一年，香港回歸祖國二十五週年，站在歷史新起點上，邁向由治及興的新階段。國家主席習近平以「我的心和中央政府的心始終同香港同胞在一起」，在時隔五年之後，再一次開啟視察香港之旅，發表「七一」重要講話，並為新一屆政府就職監誓。習近平高度肯定「一國兩制」在香港取得舉世公認的成功，強調「一國兩制」必須長期堅持，重申中央貫徹「一國兩制」不會變、不動搖、不走樣、不變形。他表示，香港過去一段時間歷經風雨，浴火重生，證明「一國兩制」是個好制度，能確保香港繁榮穩定。他又引用唐代詩人孟郊的《上包祭酒》：「願將黃鶴翅，一借飛雲空」，寄語香港有祖國支持和「一國兩制」的保障，必將創造更大輝煌。習近平還特別提出「四個必須」和「四點希望」，總結香港「一國兩制」實踐經驗，為香港未來指明方向。「四個必須」包括：必須全面準確貫徹「一國兩制」方針，必須堅持中央全面管治權和保障特別行政區高度自治權相統一，必須落實「愛國者治港」，必須保持香港的獨特地位和優勢。「四點希望」則包括：着力提高治理水準，不斷增強發展動能，切實排解民生憂難，共同維護和諧穩定。為紀念和慶祝回歸二十五週年，特區政府及社會各界舉辦了一系列豐富多彩活動，涵蓋文化藝術、休閒康樂、美酒佳餚、主題研討會等，遍布全港十八區。香港特區成立二十五週年主題曲《前》和慶祝回歸二十五週年主題宣傳片，為各項慶祝活動打響頭炮。主題曲《前》展現國家為香港帶來新機遇，鼓勵年輕人把握機會，同心創建，讓香港在保持長期繁榮穩定的路上，邁步向前。主題宣傳片「砥礪奮進廿五載 攜手再上新征程」，則展示香港二十五年來即使面對各種挑戰，仍始終堅韌自強，積極融入國家發展大局，擁抱時代機遇，大家攜手共創香港未來。

這一年，香港成功舉行完善選舉制度後的首場行政長官選舉，全面落實「愛國者治港」，開啟良政善治新局面。原政務司司長李家超以「同為香港開新篇」為競選口號參選，提出三大施政方向：以結果為目標解決問題，全面提升香港競爭力，奠定香港發展的穩固基石。經投票選舉，李家超以一千四百一十六票高票當選，成為首位出身紀律部隊的特首，得票率高達九成九，為歷屆之冠。李家超於候任期間提交政府架構重組意見，旨在提升管治效率，將政策局數目由十三個增至十五個，包括將運輸及房屋局分拆為運輸及物流局、房屋局，增設文化體育及旅遊局，民政事務局重組為民政及青年事務局，並增設政務司、財政司與律政司三司副司長職位，獲行政會議及立法會通過。新一屆特區政府由二十六位主要官員組成，包括二十一位政治問責司局長及五位非政治問責官員。李家超以多元、團結、忠誠和執行能力強的團隊來形容新班子，強調未來五年是香港由治及興的關鍵時期，他和團隊成員會齊心協力、迎難而上，帶領香港全面發揮「一國兩制」下的獨特優勢，同為香港開新篇。國務院港澳辦發文表示，第六屆特區政府管治團隊符合中央對特區政府主要官員的政治要求，充分展現出「愛國者治港」新氣象。中聯辦發言人則指出，相信並期待新一屆特區政府能夠堅持「愛國者治港」原則，不斷提升治理效能，着力解決與市民大眾切身利益相關的深層次問題，在新起點上有更大作為。李家超以「為市民謀幸福 為香港謀發展」為題，發表任內首份施政報告，勾劃香港未來五年的發展願景和政策措施，公佈簡約公屋、高端人才通行證計劃、六大交通基建項目等新策。財政預算案則惠及民生，推出多項「派糖」措施，又再加碼派發一萬元消費券。

這一年，香港逐漸走出疫情陰霾，重回發展軌道，重返國際舞台，在港舉辦的國際盛事一浪接一浪。受惠疫情受控，防疫政策鬆綁，多項大型盛事得以在港復辦，香港世界桌球大師賽、國際七人欖球賽、維港渡海泳、香港單車節等陸續成功舉辦，各路明星匯聚維港開唱……香港旅遊業重拾朝氣，市面重現久違了的煙火氣，為社會復常和經濟復甦鋪路。作為年度重頭戲的國際金融領袖投資峰會，是新冠疫情爆發以來香港舉行的首場大型金融盛事，一連三日在港隆重舉行。逾二百位全球金融界領袖雲集香江，其中超過三分之一的機構是由集團董事長或行政總裁代表，來自銀行、證券公司、資產管理公司、主權財富基金、私募股權基金與風險投資基金、對沖基金和保險公司等不同金融範疇。多位重量級金融機構高層發表演講，剖析全球經濟形勢與前景、科技發展與地緣政治挑戰，就把握機遇謀求發展交流分享經驗。特區政府還對與會人士作出部分防疫豁免安排，展現誠心待客之道。金融管理局以「Hong Kong is back」為口號，讓全球金融領袖親身感受香港復常的韌性與活力，向世界傳遞「香港回來了」的訊息，希望藉此講好作為國際金融中心的香港故事。此外，香港金融科技週以「突破界限 共創非凡」為主題，從環球金融科技概況、中國內地和粵港澳大灣區的金融科技、新興科技的應用、虛擬資產等方面，探討金融科技的未來發展。活動成功吸引超過六百家贊助商及參展商，以及超過三十個國際貿易代表團參與，以線下逾三萬參與人次、線上逾五百萬觀看人次，創下歷史新高，有效鞏固香港作為亞洲領先金融科技樞紐的地位。

這一年，香港故宮文化博物館開幕，打造文化藝術中心。香港故宮歷時五年籌建，由香港建築師嚴迅奇設計，外形如方形大鼎，以故宮建築群的米黃色為主調，正門呼應紫禁城紅牆。開幕展由香港故宮和故宮博物院共同策展，以輪換方式展示九百一十四件來自故宮博物院的珍貴文物，其中一百六十六件屬國家一級文物，是故宮博物院自 1925 年成立以來最大規模的藏品出境外借，不少藏品為首次赴港展出。來自故宮的珍藏於七個展廳亮相，包括「紫禁萬象：建築、典藏與文化傳承」、「紫禁一日：清代宮廷生活」、「凝土為器：故宮博物院珍藏陶瓷」、「龍顏鳳姿：清代帝后肖像」、「器惟求新：當代設計對話古代工藝」、「國之瑰寶：故宮博物院藏晉唐宋元書畫」和「馳騁天下：馬文化藝術」，從不同角度展示故宮引人入勝的歷史和文化。特別展覽還展出由巴黎羅浮宮借出的十三件珍貴藏品，與故宮珍寶交相輝映，展現中外文化的交流與互鑒。「古今無界：故宮文化再詮釋」展覽則由六位本地多媒體與跨界藝術家共同擔綱，以獨到視角重新詮釋並演繹故宮文化及收藏，發掘紅牆黃瓦之下豐富多元的中國文化，反映香港故宮在弘揚中華文化的同時，將歷史悠久的中國傳統文化與充滿活力的香港當代藝術進行聯繫，體現傳承與創新。香港故宮開幕首年，公眾逢星期三可透過網上預約免費入場參觀。同時預留約十五萬張標準門票，由多家企業和機構贊助派送予弱勢社群。開幕半年便錄得逾六十萬人次入場參觀，大受市民歡迎。香港故宮的開幕標誌着西九文化區發展的重要里程碑，有效提升香港文化的獨特地位和優勢，鞏固西九文化區作為粵港澳大灣區以至區內文化藝術樞紐和國際文化交流平台的地位。香港故宮與 M+ 雙璧生輝，成為香港新地標，助力香港打造中外文化藝術交流中心，實現「文化之都」願景。

這一年，東鐵線過海段正式通車，從上水到金鐘車程只需四十分鐘，大幅縮短往來新界港島時間。新路線將東鐵線終點站由紅磡站延伸至金鐘站，途經新建的會展站，通過新增加的兩個車站，貫通新界東北、九龍中、港島，東鐵乘客無需轉線即可直達金鐘。自此，沿途十六個車站，全長約四十六公里的東鐵線，進一步聯通維港都會區與北部都會區，促進港深兩地融合發展。配合東鐵線過海段通車，金鐘站規模擴大一倍，匯聚東鐵線、荃灣線、港島線和南港島線，變身港鐵網絡中唯一四線轉乘的超級車站。會展站特設歷史圖片展，再現東鐵線百年發展歷程，還展出一枚建站時發掘的戰時炸彈殼，吸引市民前往參觀。通車當日清晨，有超過兩千名市民專程乘搭東鐵綫過海首日特別班，見證本港第四條過海鐵路開通。同年，香港國際機場第三跑道正式啟用，將大幅增加機場的整體容量和競爭力，鞏固香港國際航空樞紐的地位，成為機場三跑道系統建設的重要里程碑事件。此外，將軍澳藍田隧道及將軍澳跨灣大橋正式通車，採用雙線雙程行車，居民在早上繁忙時段往來將軍澳至觀塘或東區海底隧道多了一個選擇，車程最多可以縮短二十分鐘。尤其值得一提的是，將軍澳跨灣大橋是全港首條三合一海上高架橋，兼設行車道、行人路、單車徑與觀景台，可供遊人騎行和散步，沿途飽覽無敵海景，啟用首日即逼爆打卡人潮，變身區內熱點新地標。

這一年，疫情下沉寂多年的港產片狀態回勇，多部作品累積過千萬票房，迎來香港電影小陽春。其中，《明日戰記》號稱香港史上第一部科幻電影，耗資四億五千萬製作，講述在隕石重創地球與外星植物夾襲的危機關頭，一支敢死隊以生死時速拯救末日城市免於滅亡命運的傳奇故事，票房衝破八千三百萬港元，晉身香港史上最賣座的港產片及亞洲電影。倫理喜劇片《飯戲攻心》、懸疑犯罪片《正義迴廊》，則分別榮登最賣座港產片亞軍和季軍。在影壇捷報頻傳的同時，文壇卻傳來壞消息，「香港四大才子」之一、着名科幻小說作家倪匡，「神奇女俠」、着名作家西西等多位重量級文化名人先後辭世，令人深感惋惜。與此同時，樂壇也發生人氣男團 MIRROR 演唱會嚴重事故，勁歌熱舞之際禍從天降，舞台上懸掛的巨型屏幕突然墮下擊傷兩名舞蹈員，其中一位頭部受到重創，情況嚴重。港府腰斬演唱會，並成立調查小組跟進事件。圍繞追究舞台事故的責任誰屬，以及舞台從業員的安全保障，引起坊間高度關注。此外，英女王伊莉莎白二世逝世，亦掀起城中對香港殖民管治時期流行曲、電影與街道建築的討論。

出發：通關的努力

2022 年，肆虐多時的新冠疫情終於漸露曙光。雖然第五波疫情來勢兇猛，但社會邁向復常的腳步卻並未因此而停止。在中央的全力支持下，社會各界齊心協力渡過難關。對於苦疫已久的香港市民而言，復常與通關成為黎明前的最強音。在主權回歸祖國的第二十五個年頭，抗疫勝利在望，施政從新出發，香港開啟由治及興的新篇章。

對於「通」字當選「年度漢字」，劉國勳講起了背後的故事。原來「通」字也是 2021 年度候選漢字，當年卻因不敵「疫」字而落敗。翌年，「通」字不僅再度入圍，而且反敗為勝，成功當選 2022 年度漢字，充分反映了彼時市民渴望通關的強烈心聲，可謂眾望所歸。

聯通內外的努力

基於國際分工的日趨精密化，自給自足幾近變成天方夜譚。現代城市的存在離不開彼此之間的互通有無，與外部交流合作正是其賴以生存的基本條件之一。長期以來，香港與歐美國家經貿往來緊密，一直扮演內地對外商貿聯繫的橋樑，以及外界了解中國的窗口，並因此坐享貿易紅利，躋身國際貿易中心和國際金融中心之列。香港擁有大灣區最密集的國際航線網絡，以及高鐵、港珠澳大橋等大型跨境交通基建，作為對外交通的世界級樞紐，香港絕對有條件發展成為國際性的綜合物流中心。然而，一場異常嚴峻的疫情，令國際交往幾乎陷入停擺，香港自然也難以獨善其身。

伴隨防疫政策鬆綁，香港重新聯通世界變得刻不容緩。特區政府公佈四項便利來港措施，包括海外及台灣來港檢疫安排改為「0+3」，登機前四十八小時核酸測試改以快測取代，取消未接種疫苗香港市民不能來港限制，以及取消「來港易」、「回港易」限額，於是乎，每日出入境人數應聲上漲。及後，港府進一步取消旅客到港或港人自外地返港的首三日「黃碼」限制，令香港突破疫情阻隔，由線上回歸線下，與世界建立現實鏈接。連月來，多項國際盛事在港成功舉辦，香港重返國際舞台，再現大都會的活力與魅力。與此同時，香港市民開啟久違了的境外旅遊計劃，重新向世界出發。

因疫情而異地分隔，因疫情而坐困愁城⋯⋯隨着疫中歲月似乎無了期的延長，隨着清零預期一次又一次地落空，市民對於通關的盼望變得愈來愈熾烈，愈來愈難以遏抑。在疫情的第三個年頭，歸心似箭成為港人重回祖國懷抱，一解親情、愛情與友情「相思」之苦的最真實寫照。回首往事，劉國勳說：當時因疫情封關已三年，不少家庭被迫分隔兩地，市民強烈希望送「疫」迎「通」。中央與特區政府就通關做出明確部署和具體安排，於翌年一月起逐步施行香港與內地免隔離全面通關，趕在春節前實現家庭團聚，交流復常。市民累積三年的通關盼望終於夢想成真，令人歡欣鼓舞！他又指，當年適逢香港特區迎來成立二十五週年，國家主席習近平年中乘坐高鐵來港出席慶祝儀式，展現祖國對香港的全力支持，為香港戰勝疫情、兩地通關和社會復常，增強信心，打氣賦能。劉國勳相信，復常通關對提振香港經濟具有關鍵作用，不僅工商業、餐飲業、旅遊業、會展業等各行各業都從中受惠，而且有助香港發揮「背靠祖國，聯通世界」的獨特優勢，更加積極、主動地融入國家發展大局，擁抱粵港澳大灣區建設的巨大發展機遇。

政通人和的期盼

過去多年來，行政立法關係緊張，惡劣的議會生態將政府拉入「政治泥沼」之中，平白錯失許多發展機遇。隨着香港國安法正式施行，以及中央和特區完善香港選舉制度，議會回歸理性，香港政治生態迎來巨大變化。時任全國港澳研究會副會長劉兆佳教授認為，落實香港國安法、完善選舉制度是標本兼治的舉措。全面落實「愛國者治港」，為守護特區政權安全夯實了制度根基，同時建立起具有香港特色的優質民主制度。他還指出，中央全面管治權和特區高度自治權更有機地結合起來，一同推進撥亂反正工作，開啟良政善治新局面。在中央和特區的共同努力下，香港特區憲制秩序更加牢固，治理體系日益完善，社會各方面都聚焦於謀發展、破難題、開新篇。香港大學中國制度研究中心總監閻小駿博士則表示，建立健全特區維護國家安全的法律制度和執行機制、系統性完善特區選舉制度等一系列重大舉措接連出台，不僅使香港局勢由亂到治，香港發展重回正軌、面貌一新，更讓「一國兩制」事業站上新的歷史起點。

2022 年是特區政府管治班子的換屆之年，也是完善選舉制度下首度選舉產生行政長官之年。劉國勳直指「通」字除了代表通關的強烈呼聲，也反映市民在經歷了黑暴與疫情後，對於政通人和的熱切期盼。他盛讚新一屆政府班子務實進取，說實話、辦實事、求實效，以順應時代、革故鼎新的舉措，開創了特區良政善治新的一頁。適時放寬防疫措施，更是令各行各業重拾生氣，為全面復常做好準備。他相信，在政通人和的大背景下，香港絕對有條件開足馬力解決民眾最為關注的住房、醫療、青年等經濟民生問題，滿足民眾對美好生活的嚮往。

為便利通關鼓與呼

2022 年，香港新基建接連登場，東鐵線過海段通車，國際機場第三跑道啟用，將軍澳藍田隧道及跨灣大橋落成……，進一步完善香港海陸空交通網絡。就連擁有逾百年歷史的山頂纜車，在停駛超過一年後，也以全新面貌重開，大有路路通之勢。

對於歷經三年封關，來之不易的通關，劉國勳備感珍惜，在通關伊始便展開一連串交流與考察活動。通關引爆港人北上熱潮，有見澳門已有三個二十四小時通關口岸，而本港陸路口岸卻只有皇崗口岸全天候通關，不利香港與內地的交往，劉國勳呼籲當局研究深圳灣口岸、香園圍 / 蓮塘口岸實施二十四小時通關，令香港東部、中部和西部均有全天候通關口岸，從而做好港深全日通關的總體布局。他還建議，日後沙頭角口岸、文錦渡口岸和福田口岸，可因應北部都會區的發展，逐步釋放管制條件，改為人車直達口岸。此外，他主張本港現有及未來的口岸應研究採用不同功能設計，例如福鄰小口岸專責處理創科人員的出入境安排，以便捷往來河套區創科城。

旨在消除兩地人流、物流往來阻礙，進一步推動港深兩地更緊密合作，實現粵港澳大灣區一體化高質量發展，劉國勳近年積極推動便利通關模式，優化通關安排，以回應社會發展需要。他與民建聯手足共同提出十九項建議，包括：

結合實際情況，推廣「一地兩檢」，試行「合作查驗、一次放行」等通關新模式；結合實際需求，延長口岸通關時間，增加二十四小時通關口岸等。有關建議契合國家發展改革委發佈的《粵港澳大灣區國際一流營商環境建設三年行動計劃》藍圖，通過建設大灣區無邊界創新便捷通關模式，助力提升大灣區市場互聯互通水平，增強營商環境國際競爭力。

北都未來不是夢

香港與深圳山水相依、血脈相連，由西至東有七個陸路口岸相通，跨越深圳灣、大鵬灣與深圳河「兩灣一河」而相互連接，促成了四十多年來港深兩地的社會經濟發展。在粵港澳大灣區的時代背景下，港深融合發展有了更加廣闊的空間。2021 年，時任行政長官林鄭月娥首次在施政報告中提及北部都會區計劃。2022 年，行政長官李家超在施政報告中提出北部都會區發展方案。此後，在 2023 年和 2024 年的施政報告中，李家超進一步規劃北都發展，強調以北部都會區發展作為香港新引擎，推進北都建設。

北部都會區覆蓋元朗區和北區，包括天水圍、元朗及粉嶺、上水等新市鎮，多個處於不同規劃與建設階段的新發展區及其相鄰地區，面積達三萬公頃，約佔香港總面積的三分之一。由於靠近深圳發展動力最強的都市核心區和創科產業基地，並擁有七個口岸，北部都會區可以成為香港與大灣區城市合作的重要平台，以及香港融入國家發展大局的重大節點。

在《香港 2030+：跨越 2030 年的規劃遠景與策略》基礎上，特區政府將北部經濟帶擴展為宜居宜業宜遊、以創科產業為經濟引擎的北部都會區，與維港都會區並駕齊驅，在「南金融、北創科」的新產業布局下，打造國際創科中心。在《北部都會區行動綱領》中，作為香港未來發展的新引擎，北部都會區以產業帶動、基建先行為主軸，規劃高端專業服務和物流樞紐、創新科技地帶、口岸商貿及產業區、藍綠康樂旅遊生態圈等四大區域，將為香港注入新經濟動力。

探究北部都會區的緣起，發現劉國勳竟然是北都概念的「創始人」。作為立法會新界北議員、民建聯發展事務發言人，劉國勳對土地政策及發展規劃了然於心，一直落力推動北部都會區發展。2021 年，他首次提出《口岸經濟帶動新界北發展》議案，獲立法會通過。同年發表《新界北建設香港新中心倡議書》，謀劃新界北部六大發展區域與中環構建「雙中心一走廊」格局，不僅得到專業機構的認同，更獲政府團隊採納，在當年施政報告中首度登場，並為《北部都會區發展策略》提供藍本。2022 年，他又收集各方意見並加以整合，發表《建設更好北部都會區》，就北都規劃、產業與土地房屋等進一步提出合理化建議，以充分發揮新界北優勢，成為當年施政報告相關內容的有益參考。當訪談中提及北都之種種，身兼立法會北部都會區發展事宜小組委員會主席的劉國勳表示，從

「兩灣一河」到「雙城三圈」，深圳灣優質發展圈、港深緊密互動圈、大鵬灣 / 印洲塘生態康樂旅遊圈環環相扣，北都未來不是夢，港深融合發展大有可為！

我來自北區

在香港政治生態中，劉國勳屬於比較特別的存在。他在學生時代便主動加入民建聯，以實際行動實踐愛國愛港理念。2003 年，在七一大遊行的衝擊波中，初出茅廬的他竟主動請纓參選區議會，一舉成為民建聯最年輕的地區選舉候選人。他以汗水澆灌社區，只問付出不問收獲，曾經是全港地區選舉最高票當選者，也曾經是區議會歷史上最高票落選者。

儘管諸多「某某之最」加身，劉國勳卻對北區發展推手的身份更加情有獨鍾。原來他成長於粉嶺祥華邨，對北區可謂情根深種。大學時期，為了撰寫「港人北上消費對北區影響」的專題報告，他走訪了不少北區商會，約訪了不少當區議員。自此，生於斯長於斯的北區，便成了他觀察社會、思考發展的切入點。2007 年，劉國勳二度加入區會選戰，在北區欣盛選區大獲全勝，榮膺新界票王。在此後的兩屆區選中，他亦高票連任。那些年，隨着自由行的實施，從港人北上消費到同胞南下掃貨，劉國勳親眼見證了北區的巨大變遷，也切身感受到港人與內地關係的微妙變化。作為北區區議員，除了處理地區日常事務，他更要解決雙非、水貨客、跨境學童等在北區頻繁出現的棘手議題。他一直關注北區發展，從區議會開始醞釀新界北發展計劃，一直跟進到立法會。他說：必須把握新界北的地緣特殊性，從本港和內地的連接紐帶與融合平台出發，盡可能發揮北部都會區的重要作用，如習近平主席所寄語的「背靠祖國，聯通世界」，為香港長遠發展擘畫新方略，為大灣區共融故事書寫新篇章。

2022 特區政府施政十件大事

因疫情停辦

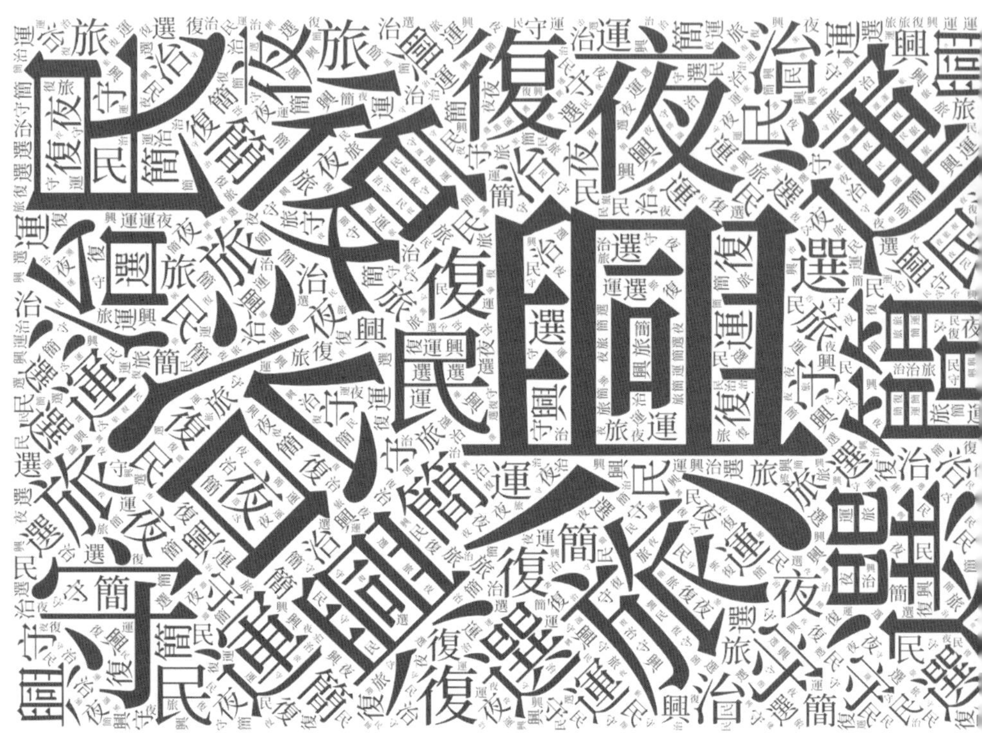

興 1. xīng　虛陵切，平，蒸韻，曉。蒸部。
ㄒㄧㄥ

㊀ 起來。詩衛風氓：「夙興夜寐，靡有朝矣。」㊁ 興起，發動。禮樂記：「明於天地，然後能興禮樂也。」左傳哀二六年：「大尹興空澤之士千甲。」㊂ 舉。周禮夏官大司馬：「進賢興功，以作邦國。」㊃ 徵集。周禮地官旅師：「平頒其興積。」注：「興積，所興之積。……縣官徵聚物曰興。」㊄ 興立，興辦。荀子正論：「興天下之同利，除天下之同害。」三國志魏武帝紀：「是歲，用棗祗韓浩等議，始興屯田。」㊅ 興盛。詩小雅天保：「天保定爾，以莫不興。」國語周下：「今三年之中，而害金再興焉。」……

1. xìng　許應切，去，證韻，曉。蒸部。
ㄒㄧㄥˋ

㊀ 詩歌即景生情的表現手法。詩大序：「故詩有六義焉。一曰風，二曰賦，三曰比，四曰興，五曰雅，六曰頌。」宋朱熹集傳，「興者，先言他物以引起所詠之詞也。」㊁ 喜悅。禮學記：「不興其藝，不能樂學。」注：「興之言喜也，歆也。」㊂ 興致。世說新語任誕：「王子猷（徽之）居山陰，夜大雪，……忽憶戴安道（逵），時戴在剡，即便夜乘小船就之，經宿方至，造門不前而返，人問其故，王曰：吾本乘興而行，興盡而返，何必見戴？」

（《辭源》）

民建聯舉辦第十屆「香港年度漢字」評選，「興」字當選 2023 年「香港年度漢字」。

主辦方指，「興」有「興旺、興盛、興起」之意，反映「香港過去一年已擺脫疫情困擾，經濟逐漸向好，正處於由治及興的關鍵時刻，只要珍惜機會謀發展，定能再創輝煌」。

民建聯創黨主席、前立法會主席曾鈺成從「興」字的組成進行解讀。他說，「興」字的上中部分是「同」字，兩側為「臼」字，是一種很重的石器，下部的篆書結構則形似「兩隻手」。如此字型組合，賦予「興」字同心合力擡手抬起重物的原始寓意。他認為，振興香港經濟，不能單靠少數人力量，而是需要大家同心合力，方可產生向上升的效果。由治及興的「興」字以壓倒性的票數勝出，也在一定程度上折射出香港市民的年度願望。

對於得票第二高的「治」字，以及得票第三高的「復」字，時任民建聯副秘書長葉文斌表示，「復」有恢復、返回之意，「治」字則有管理、治理之意，切合香港由亂到治，社會步入全面復常的現實情況。

2023 候選年度漢字

興旺、興起，
蓬勃發展起來。

香港過去一年已擺脫疫情困擾，經濟逐漸向好，正處於由治及興的關鍵時刻，只要珍惜機會謀發展，定能再創輝煌。

管治、治理，
治理混亂局面，使安定、太平。

香港國安法實施後，使國家安全得到有力保障，香港由亂轉治，社會恢復穩定，市民生活重回正軌。

恢復、返回，
復原，使如前。

隨疫情減退，社交距離措施及口罩令相繼取消，並與內地全面通關，香港走出新冠疫情陰霾，全面步入復常。

以民為本、民生，
以勞動群眾為主體的社會基本成員。

政府施政以民為本，竭力協助市民改善生活，解決各項經濟及社會問題，增加政府財政開支，照顧老幼。

運動、運行，
處於非靜止的狀態。

港隊健兒接連在世界大學生運動會及杭州亞運會取得佳績，鼓舞全城，掀起運動熱潮。

2023 候選年度漢字

選拔、選舉，
根據公平原則選出賢能之士。

完善地區治理後首屆區議會選舉順利舉行，對香港提升治理能力，實現良政善治的目標，有着重要作用。

旅行、旅居，
出行，到外地作客。

疫後港人外遊意欲有增無減，隨着港深兩地進一步融合發展，北上旅遊成為不少港人新的消費模式。

守護，留守，
保持、保衛，維持原有狀態。

落實「一國兩制」，堅守基本法，才能保障香港長期繁榮穩定，港人生活方式不變，人人安居樂業。

夜間、夜生活，
從天黑到天亮間的時段。

政府推出「香港夜繽紛」活動，為市民及遊客提供更多活動選擇，點亮香港「夜經濟」。

簡單、簡略，
簡化，使之變得簡單或較簡單。

政府主導，採取簡約設計及「組裝合成」建築法，快速興建「簡約公屋」，改善基層市民的居住環境。

方興未艾——

2023，香港這一年

2023年的香港，終於走出疫情陰霾，社會邁向全面復常。因疫情阻隔而幾近中斷的海內外往來，終於得以恢復。作為東西文化交流樞紐的香港，在全面通關與通航之下，重新聯通全球。從「Hello Hong Kong」到「開心香港」，從盛事之都到「香港夜繽紛」，香港重返世界舞台，「東方之珠」再綻華彩。疫情過後，社會重啟，一切，方興未艾。

這一年，隨着新冠疫情趨緩且持續受控，香港終於全面解除防疫限制。從取消新冠感染者強制隔離安排，到關閉社區隔離設施；從停止陽性個案網上申報，到撤銷口罩令；從員工上班前無需再進行快測，到學生上學前無需再進行快測……香港終於正式告別疫情時代。以標誌性的疫情符號——口罩為例，歷時近千日的口罩令終於完成使命，退出歷史舞台。市民無論身處室內、室外，抑或乘搭公共交通工具，都不必再面對佩戴口罩的強制令，不用再體驗「罩」不離口亦真亦幻的呼吸不暢，不用再經歷忘記戴「罩」儼如「裸奔」

的惶恐不安。市民終於可以摘下三年多來如影隨形的口罩，以久違的笑容迎接社會復常。

這一年，經過三年疫情的阻隔和望穿秋水的等待，香港與內地終於全面通關。從率先開通七個出入境口岸，實施首階段免檢疫通關，到開放所有出入境口岸，全面恢復通關；從過關必須經網上預約，並出示四十八小時內核酸檢測陰性結果，到過關不設人數限制，無需進行核酸檢測⋯⋯兩地人員往來與政經文化活動逐漸回復正常，久別的親友終可重聚，久違的政商互訪與文化交流終可重啟，經濟民生踏上復甦之路。隨着國家宣佈出入境無須再進行健康申報，繼告別「港康碼」後，時隔多月，過關再告別「黑碼」。自通關以來，訪港旅客人數上升，也帶動港人北上消費的熱潮與風尚，節假日雙城生活模式進一步加速大灣區融合。

這一年，「港車北上」加強粵港互通，「跨境通辦」便利灣區生活。隨着「港車北上」的開放，香港私家車可以預約申請經港珠澳大橋口岸往來香港與廣東省，粵港澳大灣區互聯互通進一步提速。為方便大灣區生活經商活動，兩地政府積極協作，促成政務服務「跨境通辦」，讓身處香港和大灣區內地城市的居民及企業，可以隨時經網上系統辦理兩地業務，免卻親身跨境處理之不便。此外，施政報告還推出「長者醫療券大灣區試點計劃」，擴大長者醫療券適用範圍至大灣區內合資格醫療機構，為香港長者返回內地安居養老，配套解決醫療券跨境使用問題。

這一年，隨着香港恢復與海內外往來，特區政府啟動大型全球宣傳活動「Hello Hong Kong」，大造聲勢傳遞「香港回來了」的訊息。行政長官李家超主持啟動禮，為一連串旅遊推廣揭開序幕。由知名藝人郭富城、鄭秀文和陳慧琳擔綱演出的宣傳短片，向世界講述融合自然風光、人文景點與舌尖滋味的香港故事，藉助香港流行文化黃金時代的巨星力量，為好客香港打響頭炮。除了向旅客推介香港最地道的美食、最宜人的美景之外，還送出五十萬張免費機票及一百萬份「香港有禮」旅客消費優惠券，涵蓋交通、飲食、景點和零售，吸引旅客訪港，大力發掘商機。策劃逾二十項「開心香港」藝文活動，在社區舉辦一系列美食墟市和嘉年華，包括「樂聚維港嘉年華」、「S2O 亞洲潑水音樂節—香港站」等，展現香港魅力與活力，希望重燃旅客訪港熱情。

這一年，為刺激夜經濟，暢旺香港旅遊與消費，特區政府牽頭，聯手數十個機構舉辦「香港夜繽紛」活動。圍繞「多元娛樂體驗」、「海濱休閒體驗」、「文化藝術體驗」和「節日精彩體驗」四大主題，橫跨中秋、國慶、萬聖節、聖誕節與新年，推出富有香港特色的一系列夜間活動：復辦因疫情而停辦的國慶煙花匯演、大坑舞火龍、美酒佳餚巡禮等活動，吸引數以百萬計人次參與；開設為期半年的廟街夜市美食街，推廣香港地道小食和「掃街」文化；在觀塘、西環、灣仔海濱長廊，逢週末舉行音樂表演、無人機表演、懷舊工藝工作坊等夜間活動……想方設法提供豐富多元的娛樂選擇，藉此改變因疫情造成的「深閨」生活習慣，喚醒人財兩旺的香港夜生活，重現燈火璀璨的「不夜城」。

這一年，香港舉辦多項國際賽事，致力打造體育盛事之都，持續構建中外文化藝術交流中心。特區政府持續關注和支持體育運動，推動體育的普及化、精英化、盛事化。男籃世界盃預選賽、世界女排聯賽中國香港站、國際七人欖球賽、世界場地越野車錦標賽、沙特阿美石油女子團體高爾夫球賽、香港網球公開賽等國際賽事，競相移師香港舉行。香港渣打馬拉松、香港單車節、巴塞爾藝術博覽會、香港國際影視展等多項大型盛事，你方唱罷我登場。在發展體育運動的同時，帶動盛事經濟，為本港餐飲業、零售業、酒店業、娛樂業等創造周邊經濟效益，進一步拉動經濟發展。

這一年，從行政長官到司局長，紛紛外訪，為香港代言，大型國際會議接連登場。行政長官李家超先後出訪中東及東盟，財政司司長陳茂波亦出訪歐洲多國及參加 APEC 會議……面向國際社會，積極說好香港故事，努力擦亮亞洲國際都市的金字招牌，開拓多元合作契機。憑藉「一國兩制」下「背靠祖國、聯通世界」的獨特優勢，香港舉辦亞洲金融論壇、「一帶一路」高峰論壇、國際金融領袖投資峰會等一系列大型實體國際會議，匯聚全球政商要人與專家學者，重新走到國際舞台的聚光燈下，以實力和實際行動，增強國際投資者的信心。

這一年，香港在「走出去」的同時，加大「引進來」的力度。「搶人才」、「搶企業」卓有成效：高才、專才、優才等各項輸入人才計劃共收到逾二十萬宗申請，有九萬人成功申請來港，實際人數為預期目標的兩倍半；通過引進重點企業辦公室招商引資，已經或將在港落戶、或擴充業務的重點企業超過三十家。河套深圳園區發展規劃、前海合作區總體發展規劃先後發布，前者以建成世界級科研樞紐和創新平台為目標，後者以全面深化改革創新試驗平台、高水平對外開放門戶樞紐、深港深度融合發展引領區、現代服務業高質量發展高地為四大戰略定位，支撐大灣區建設，引領兩地融合發展。

這一年，愛國主義與中華文化，成為施政報告中關於學校教育的兩大關鍵詞。因應全國人大常委會表決通過愛國主義教育法，特區政府在施政報告中提出：成立「愛國主義教育工作小組」、「弘揚中華文化辦公室」，開展愛國主義教育和歷史文化教育，增強市民對國家的歸屬感，對中華優秀傳統文化的認同感。強化國情學習，舉辦更多中華文化體驗活動，強化學生對中華文化、國史、國家地理和國家安全的學習；推行多元學習體驗，推展「心繫家國 2.0」聯校國民教育活動系列；改建海防博物館為「香港抗戰紀念館」。此外，小學常識科將拆分為「人文科」與「科學科」，加入國情元素，普及國家歷史、地理和文化。

這一年，太空四人組展開四日訪港行程，國產大飛機 C919 展翅亮相維港。太空人劉伯明、王亞平、陳冬和張陸，隨國家載人航天工程代表團訪問香港，期間到訪多間學校，與逾千名中小學生對話，掀起學界航天熱潮。在紅館舉行的「全港歡迎中國載人航天工程代表團大匯演」現場，太空人與香港市民面對面，近距離分享太空生活故事。陳冬更與來自香港培僑中學的「太空筆友」陳蔓琳同學相認。同年，由國家自主研製的噴氣式商用飛機 C919 和 ARJ21 首次訪港，C919 更進行飛行表演，兩度飛越維港。大飛機與香港地標中銀大廈及全港最高建築環球貿易廣場擦身而過的精彩畫面，吸引眾多市民和遊客駐足觀賞。

這一年，第七屆區議會選舉成功舉行，開啟完善地區治理新篇章。特區政府公佈完善地區治理建議方案，以重塑區議會，強化地區治理架構，提升地區治理效能，作為重中之重，從制度上確保「愛國者治港」原則全面貫徹落實，推動區議會回歸基本法規定的諮詢和服務功能，獲立法會全票通過。在重塑區議會後的第一場全港性大型選舉中，近一百二十萬選民參與投票，從三百九十九名候選人中選出一百七十六名地區委員會界別議員及八十八名區議會地方選區議員。行政長官李家超代表特區政府祝賀二百六十四位當選區議員，指此次選舉讓區議會制度重回基本法第九十七條下非政權性諮詢組織的定位，全面落實「愛國者治港」原則，意義重大。

這一年，基層打工仔在國際勞動節當日收到最好禮物，時隔四年再有人工加。特區政府將香港法定最低工資由時薪 37.5 元調升至 40 元，升幅為 6.7%，加大力度保障勞工權益。估計有四萬六千五百至八萬七千三百人受惠，主要涉及清潔、物業管理、零售和護理等行業。法定最低工資自 2011 年開始實施，一直在防止工資過低與盡量減少低薪職位流失的目標之間尋求適當平衡，並要顧及維持香港經濟發展及競爭力。通過為某些僱員訂定以時薪為單位的最低工資，發揮工資保障作用，令基層僱員的收入得到改善。從最初的 28 元最低時薪起步，至今工資水平累計升幅達 43% ，跑贏通脹。

這一年，特區政府向「劏房」開戰，興建簡約公屋，全力提速、提量、提效建屋造地。政府年初敲定八幅選址興建簡約公屋，提供三萬個單位，分布九龍新界。施政報告提出設立「解決劏房工作組」，為「劏房」居住環境設定最低標準，針對不合最低標準的「劏房」提出取締方法，同時防止不合最低標準的「劏房」再增加。政府還推出「社區客廳試行計劃」，由商界提供場地，關愛基金提供資金，委聘非政府機構負責營辦「社區客廳」，為劏房戶提供共享廚房、飯廳以及學習和集體活動的共用空間，致力改善基層居住環境。

這一年，香港遭遇五百年一遇的世紀暴雨襲擊，多區嚴重水浸，全港交通癱瘓。此次特大暴雨，受颱風海葵環流等影響，錄得一小時雨量高達 158.1 毫米，破香港自 1884 年有記錄以來的最高雨量紀錄，以及黑雨生效最長時間紀錄。論雨量之大，好比短時間內一座湖泊的水傾盆而下，以致多區嚴重水浸。柴灣、黃大仙等港鐵站變身水簾洞，全港九巴及城巴日間服務暫停，港府隨即啟動極端情況安排。對於見慣台風天氣，早已訓練有素、處亂不驚的香港市民，此次突如其來的極端暴雨天氣卻令人措手不及，留下難以忘懷的記憶。

這一年，香港作為進口日本水產最多的地區，以實際行動向核污排海大聲說不，嚴禁十地水產品入口。就日本當局不顧國際社會反對，啟動核污水排海，轉嫁核輻射風險的行徑，特區政府表示強烈反對，並公佈應對措施，禁止日本東京、福島、千葉、栃木、茨城、群馬、宮城、新潟、長野、埼玉等十個都縣的水產品進口。與此同時，全面提升日本進口食品的檢測範圍，加強本港水域環境輻射水平和本地漁獲輻射水平檢測，多管齊下，保障市民食品安全。

這一年，中國香港代表團在杭州亞運會上大放異彩，勇奪八金十六銀二十九銅共五十三獎，創下歷史性新高。港隊派出史上最多九百六十人團隊出賽，競逐四十一項賽事，無論獎牌數目還是運動項目，均打破歷屆紀錄。香港運動員在賽艇、劍擊、游泳、欖球、高爾夫球、單車及橋牌項目勇奪金牌，在多個運動項目實現零的突破，甚至奪得歷來首面亞運金牌，而香港男子足球代表隊亦歷史性殺入亞運四強。香港女飛魚何詩蓓狀態大勇，在個人賽事摘二金一銀一銅，接連刷新香港及亞洲紀錄。在復常元年，港隊不負眾望，再創高峰，躋身杭州亞運獎牌榜十二強，於國際體育賽事亦屢創佳績。

這一年，賀歲片《毒舌大狀》刷新多項紀錄，成為香港史上首部票房破億的港產片。電影圍繞一宗名模涉嫌虐兒的冤案展開，案件最終演變成法律界與權貴的角力場，在貌似喜劇的外表下探討法律公義的嚴肅議題。劇中控辯雙方唇槍舌戰，法庭攻防震撼人心，吸引逾一百五十萬人次入戲院捧場，更登上當年谷歌及雅虎十大熱搜電影榜首。在香港電影史上，《毒舌大狀》除了榮膺票房最高港產片，更成功打入中西電影最高票房十強，一舉打破荷里活電影壟斷局面。

這一年，全球首個「魔雪奇緣」主題園區落戶香江，在香港迪士尼開幕。適逢華特迪士尼公司一百週年，以及「魔雪奇緣」系列十週年紀念，耗時七年打造的「魔雪奇緣世界」如約而至，將虛構的阿德爾王國化為現實，為常年不落雪的南國島城帶來妙不可言的冰雪奇緣。電影中愛莎的冰雪皇宮、安娜與漢斯王子共舞的鐘樓等經典場景，如被魔法還原，伴隨縈繞耳際的電影旋律，陪伴遊客身臨其境，在美輪美奐的童話世界，展開一段魔雪奇幻之旅。

這一年，有「廟街歌王」之稱的八十年代歌手尹光，突然因人工智能而爆紅。有網民製作以「AI 尹光」的合成歌聲翻唱姜濤、林家謙等流行歌曲的影片，大受年輕人歡迎，被戲稱為「光 B」。尹光及後推出與 AI 聲音合唱的《Dear Myself》，歌曲首次打進叱吒樂壇流行榜，掀起「尹光熱潮」。同年，尹光出道五十餘年首次登上頒獎典禮，躋身年度叱吒樂壇流行榜「我最喜愛的男歌手」最後五強，與張敬軒及 MIRROR 成員分庭抗禮。

築夢：治興交響曲

2023 年，是全球告別疫情、全面復常的重啟之年，亦是香港由治及興、闊步前行的起始之年。特區政府「以結果為目標」，採取一系列措施，結合「有為政府」與「高效市場」，推動香港穩步復甦。經歷三年疫情肆虐的香港，終於看到希望的曙光。

言簡意賅的年終總結

為採訪陳克勤議員「做功課」時，發現他的面書上有一篇題為《難忘 2023 邁向 2024》的貼文，剛好可以作為 2023 年的年終總結：

2023 年是香港社會全面復常的一年。隨着疫情過去，香港市面重新恢復活力，四面八方的遊客與市民重新在這座都市中感受到快樂與繁華。

2023 年是香港社會完善地區治理的一年。區議會選舉成功舉行，過程讓市民見證了香港實現優質民主文化的可能，對未來的社區建設有了新期望。

2023 年是香港社會更加團結的一年。我們連續遭遇颱風與暴雨的侵襲，但社會與政府一道展現出團結與堅韌，齊心協力將極端天氣的影響降至最低。

2023 年亦是香港社會充滿挑戰的一年。香港面對着愈加不穩定的國際環境，以及眾多急需解決的民生難題，需要香港社會形成更大的合力，去凝聚解決難題的動力。

陳克勤直言走出疫情陰霾的香港穩中向好，但仍有許多困難、挑戰需要大家集思廣益，共同解決。從社會全面復常到完善地區治理，從團結應對極端天氣到迎接內部外部挑戰，貼文寥寥數百字，言簡意賅，堪為 2023 年香港的簡筆畫像。

無所不在的年度漢字

對於「興」字當選 2023 香港年度漢字，陳克勤認為，這既反映了市民對當年社會興旺的一種認知，也表達了市民對由治及興的一種期望。縱觀 2023 年的香港，除了由治及興，他更以「興」字點題，用三個「興」字詞語總結這令人歡欣鼓舞的一年：

2023 年是復興的一年：一方面，香港與內地恢復通關，無論是探親、訪友，還是旅遊、經商，都不再有所阻隔。因應通關情況，香港與內地相關部門積極溝通，不斷優化通關流程，包括取消黑碼，加密鐵路、巴士班次，進一步延長口岸運作時間等等，為無障礙通關提供便利。另一方面，香港與世界重新聯通，無論是「引進來」還是「走出去」，都千方百計想辦法推進。從國際金融領袖投資峰會到國際七人欖球賽，各類國際盛事接二連三在香港舉辦。每一樁、每一件，都在向世界宣告「香港回來了」！

2023 年是興業的一年：特區政府制定「產業導向」新政策，以「產業帶動」為規劃主軸，推動北部都會區成為香港發展新引擎，深度對接粵港澳大灣區，積極主動融入國家發展大局。同時大力開拓國際合作機遇，內外兼修，為香港發展注入新動能。除此之外，香港亦有許多新措施出台，從盛事經濟到夜市經濟，從「港車北上」到「三隧分流」，無不旨在興業興家，「搶人才」和「搶企業」更是卓有成效。這一年，社會各界集思廣益，攜手努力，讓香港「興」的動能更加強勁，進入經濟復蘇的快車道。

2023 年是高興的一年：「開心香港」、「香港夜繽紛」等一系列活動，不僅讓市面活躍起來，而且讓夜晚熱鬧起來。市面因此多了許多精彩活動，市民也因此多了許多休閒選擇。

隨着三年疫情落幕，線下活動回來了，食肆和商場也無需再早早打烊。同時，市民又可以隨心所欲地外遊，享受開心旅程，再也不用坐困愁城。此外，在以民為本的施政理念下，特區政府關心市民福祉，盡一切可能為弱勢社群排憂解難，從提高最低時薪，到建設簡約公屋，全方位保障基層市民的基本生活所需，努力提升市民的幸福感。

完善治理體系的最後一塊拼圖

經過黑暴的衝擊和疫情的洗禮，香港終於走出難關，社會重歸和諧、重上正軌。政治方面，地區治理改革成績可圈可點，成功舉行了重塑區議會制度後的首次區議會選舉，將「愛國者治港」原則落實到地區治理層面，令特區治理體系更加完善，開啟了香港特色民主和地區治理的新里程，具有重大歷史意義。

回顧此次區議會選舉過程，陳克勤結合助選中的所見所聞、所思所想，指選舉充分實現了理性競爭和良性競爭，形成比拼政綱、比拼能力、比拼服務的選舉激勵機制，不再充斥攻擊與抹黑，展現了優質民主元素，讓全社會對社區建設與發展有更多正面期待。對比過往立法會和區議會為攬炒派所挾持的慘痛經歷，他堅信，新當選的區議員多是長期服務社區、富有地區經驗的人士，競選政綱聚焦民生，未來工作也必將履行競選承諾，以民生議題和社區議題作為主軸，以維護市民權益為己任，主動服務好香港市民的整體利益和長遠利益，因此一定會為地區治理帶來新氣象、新作為和新動能。他認為，在「愛國者治港」的大原則下，區議會和立法會上下一心，行政與立法各司其職，在行政主導與立法監督的良性互動中，向良政善治的目標不斷邁進，胼手胝足為香港的繁榮與穩定共同努力。從這個意義上說，2023 年是香港由治及興的元年。

在接受《人民日報》訪問時，陳克勤曾經表示，區議會換屆選舉順利完成後，民建聯作為擁有較多立法會和區議會議員的政團，要不斷提升自我，不斷加強參與治理的能力，做好特區政府和民間的溝通橋樑角色，促進行政立法良性互動，支持特區政府制定落實維護國家安全和社會穩定、促進經濟發展與民生改善的政策舉措，為實現良政善治作出應有貢獻。在今天的訪問中，他重申觀點並且再一次強調，民建聯心懷謙卑，感恩市民的支持與信任，更深感肩上責任重大。今後必定服務市民所需，反映市民訴求，協助政府制定和落實政策，積極與各持份者聯繫合作，群策群力，共同推進社區建設。他還特別呼籲港人分外珍視這來之不易的成果，大家齊心協力，為香港更加美好的明天，努力不懈，奮鬥不息。

北上南下的雙向奔赴

自從開關以來，港人北上消費蔚然成風，熱潮一直持續，非但毫無退潮跡象，反而有愈來愈熾熱之勢。疫情中與香港這麼近卻又那麼遠的深圳，自然是港人北上的首選第一站。除了在海底撈、太二酸菜魚、探魚、農耕記、八合里潮汕牛肉火鍋等網紅食肆大快朵頤，港人還喜歡購買手信返港，每次北上都大包小裹滿載而歸。其中，鮑師傅糕點、阿嬷手作奶茶、酷未芝士蛋糕便是最受歡迎的「三件套」。事實上，後疫情時代的北上消費模式，在餐飲娛樂、美容養生等過往消費興趣的基礎上，更加多元化，出現日常化及生活化的趨勢，口腔護理與治療便是新興消費項目之一。

在灣區共融的時代背景下，伴隨着復常的腳步，開啟週末雙城模式，正在成為粵港兩地民眾休閒生活的一種時尚。一方面，北上快閃消費已然變成了不少港人節假日的慣性選擇。另一方面，南下深度體驗正在成為某些廣東居民的偏好選擇。在人流雙向奔赴的情境下，粵港交流有了更多的時空交集，大灣區融合發展也有了更多的可能性。

對於一開關便出現的人流大爆發，陳克勤直指這不只是民間行為，也有政府行為。政府交流、商業往來與民間交往，彼此形成合力，對疫後復常發揮了舉足輕重的影響。他說自己在通關之初便重啟線下模式，參加了若干兩地團，赴內地考察和交流，欣見內地在疫情中非但沒有停止發展的步伐，反而有了日新月異的變化。他深信香港與國家命運相連，保持香港的長期繁榮穩定離不開國家的強大，而推進強國建設也離不開香港的長期繁榮穩定。因此，香港融入國家發展大局，搭上大灣區發展快車，絕對是雙贏的最佳選擇。

除了有關工作的北上，生活中，陳克勤也是北上消費大軍的一員，只是因公務繁忙，一般即日往返。他專門下載了諸如北上消費指南的APP，時不時取經，按圖索驥去知名商場和網紅餐廳消費，去熱門景點和網紅書店打卡，喝阿嬤手作奶茶，吃酷末芝士蛋糕，買鮑師傅糕點……笑言自己是北上休閒購物的排頭兵。藉助北上消費指南APP，他在大眾消費之外，發現了許多寶藏小店，簡直如獲至寶。作為攝影發燒友的他，還趁機借鑒行家的拍攝角度與構圖技巧，以鏡頭捕捉和紀錄了許多美好的瞬間。更加難得的是，在北上南下群組討論區，他從兩地民眾的互動中，得知了一些原本早已忽略的香港小眾景點和特色小店。他說從外地人的視角去重新認識既熟悉又陌生的香港，這種感覺特別奇妙，就好像是冥冥中的一場緣分邂逅。

對於疫情後內地同胞來港旅遊不再局限於購物和飲食，而是更加注重參加藝文活動和遠足運動，陳克勤指深度體驗遊更加有助於兩地交流。他自己也會不時在社交媒體推介本地特色飲食、經典景點，以及舞麒麟、舞貔貅等民俗活動，隨時隨地說好香港故事。在他口中，雲泉仙館那軟綿香滑的白粥，便是人間至味，足以連喝三大碗，令人垂涎欲滴。至於通關後南下來港的內地旅客數字仍未及疫情前高峰，陳克勤表示，要正確看待旅客數字及旅遊模式的轉變，重中之重是為旅客提供更加高質量的旅遊體驗。

香港是一個國際都市，匯聚中西文化，不同種族與宗教和諧共處。有見及此，陳克勤主張發揮香港的多元文化優勢，不斷提高對外聯繫與對外傳播的能力，積極推動民間交流，善用本地和海外不同媒介，講好中國故事和香港故事，消除誤解與隔膜，在國際社會廣交朋友。

新任主席的壯志宏圖

2023 年，民建聯換屆選舉，陳克勤當選為新一任主席。在會見傳媒時，他回顧民建聯從無到有、從小到大、從弱到強的發展歷程，感言民建聯始終堅定不移地秉持愛國愛港政治立場，支持國家改革開放、強國建設和中華民族復興偉業，支持特區政府依法施政，反映社會各界訴求、與香港市民站在一起。進而為新一屆領導層立下「軍令狀」——帶領民建聯勠力同心，承先啟後、開拓創新，勇於擔當、積極作為，與社會各界一道奮力開拓香港由治及興新局面。他表示，在中華民族偉大復興的新時代，香港也從由亂到治走向由治及興的新階段，面對新變化，民建聯要致力成為跨階層的「治理型政團」，必須重視所有社會階層市民的聲音，在引領方向、凝聚共識、促進發展、加強合作、完善治理五個方面，發揮積極作用。

陳克勤代表新一屆領導層，宣佈民建聯未來四大工作重點：第一是提升自我，透過加強各項培訓，提高人才的政治、理論和政策倡議水平；第二是建設香港，要堅定支持特區政府依法施政，協助政府推動經濟發展，排解民生憂難，令香港繼續維持獨特的地位和優勢；第三是報效國家，要發揮香港優勢，助力國家現代化建設，反對美西方的霸權行為，維護國家安全和香港繁榮穩定；第四是聯通世界，將加強開拓對外民間交往，講好中國和香港故事，促進民心相通、互利共贏。

在《紫荊》雜誌的署名文章中，陳克勤專門闡述民建聯在香港進入由治及興新階段的未來工作重點和發展方向。指民建聯必須胸懷中華民族偉大復興的戰略全局，以及世界百年未有之大變局的「兩個大局」，以「提升自我、建設香港、報效國家、聯通世界」為目標，擔起時代責任，付出更大努力，不負國家和市民期望。

採訪當日，雨後初霽。在立法會露天花園，以藍天白雲作鏡，陳克勤有感市民的託付、香港的發展、國家的征程，再一次宣誓「提升自我、建設香港、報效國家、聯通世界」的四大目標，聲言在新的時代、新的起點，定必全力以赴，履職盡責，實幹為民，奮力向前，為香港、為國家繼續打拼！

2023 特區政府施政十件大事

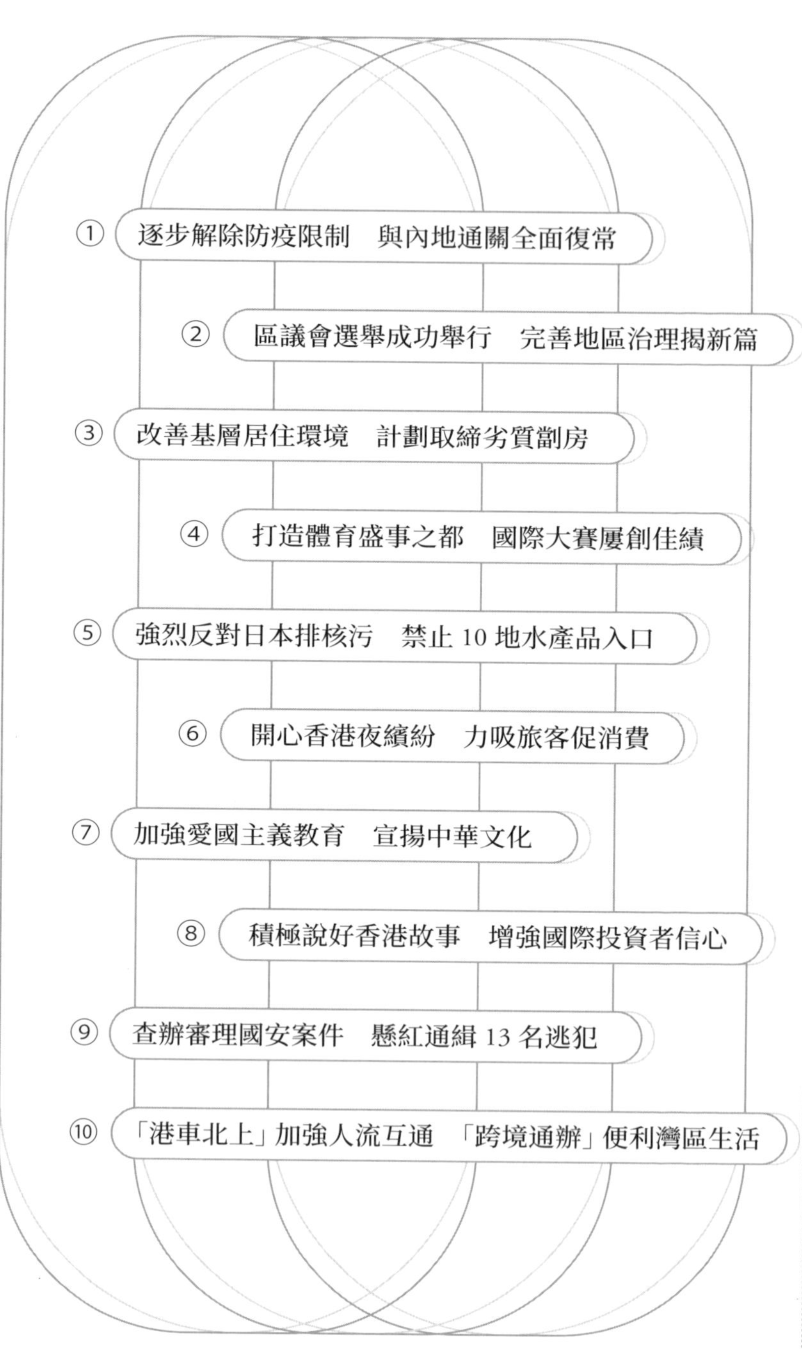

2023 香港商界最關注的十件大事

① 新冠疫情基本完結　香港逐漸通關復常

② 第七屆區議會選舉成功舉行

③ 本港「搶人才 搶企業」卓有成效

④ 日執意排放核污水　港啟十都縣水產進口管制

⑤ 前海合作區總體發展規劃　河套深圳園區發展規劃發佈

⑥ 香港夜繽紛提振夜經濟

⑦ 共建「一帶一路」倡議十週年

⑧ 虛擬資產交易平台欺詐案接連爆發

⑨ 李家超發表第二份施政報告

⑩ 香港經受連環颱風　世紀黑雨考驗

責任編輯　杜　辰
裝幀設計　涂　慧
排　　版　高向明
印　　務　龍寶祺

年度漢字中的香港

作　　者　沈　言
出　　版　商務印書館（香港）有限公司
香港筲箕灣耀興道 3 號東滙廣場 8 樓
http://www.commercialpress.com.hk
發　　行　香港聯合書刊物流有限公司
香港新界荃灣德士古道 220-248 號荃灣工業中心 16 樓
印　　刷　美雅印刷製本有限公司
九龍觀塘榮業街 6 號海濱工業大廈 4 樓 A 室
版　　次　2024 年 12 月第 1 版第 1 次印刷

ISBN 978 962 07 4712 0
Printed in Hong Kong